レポート課題の再発見

論題の設計と評価の原理

成瀬尚志

ひつじ書房

はじめに

　本書は、大学教員がレポート課題を出題する際に、どのような点を検討すべきかについて解説したガイドブックである。レポート課題に関して、どのような論題を出すべきか、またどのように評価すべきかについて悩まれている方も多いのではないだろうか。レポート課題は、授業の中の重要な要素にもかかわらず、他の教員の具体的な論題に触れる機会は少なく、実際に工夫するのは容易ではない。本書では具体的な論題例を紹介し、その設計思想についても解説するので、本書を通してレポート課題の「手札」を増やしてもらいたい。

　大学においてレポート課題の重要性はますます高まっている。どの大学でも知識の習得だけでなく、高次の能力（問題発見力や批判的思考力など）が求められるようになっており、テストだけでは測れないこれらの能力を評価する手段としてレポート課題の重要性が増しているからだ。一方、教員は、レポート課題に関しては手探りの状態で論題の設計や評価について試行錯誤を続けているのが実情ではないだろうか。ある授業でうまくいっても、担当科目が変われば再び新たな論題を検討しなければならないこともある。そのような場合に参考にできるテキストはほとんどないのが現状である。

　こうした問題意識から、私は 2016 年に『学生を思考にいざなうレポート課題』（以下『いざなう』）を出版した。『いざな

う』は大学教員向けのレポート課題の出し方に関するガイドブックであり、予想外に多くの読者を得ることができた。また、『いざなう』を参考に論題を変更したところ、学生のレポートのクオリティが高くなった（学生が生き生きとレポートに取り組むようになった）など多くの好意的な感想をもらうことができた。『いざなう』出版時には、「コピペレポート問題」が大きな問題であり、「いかにしてコピペレポートを防ぐか」ということを中心に検討した。その中で具体的に提案した論題はコピペレポートを防ぐために一定の効果があったと自負している。

　しかしながら、そこからレポート課題を取り巻く状況は大きく変わった。生成 AI の登場である。コピペレポート問題よりも、生成 AI は大学教員にとって深刻な問題かもしれない。前者に対応してきた教員も、後者には対応できずレポート課題を出すことをやめるという事例もあるからである。

　本書を手に取った方の中には、「生成 AI を使いながらどのようにレポートを書かせるか」という具体的な方法を期待する方もいるだろう。それは確かに重要なテーマであり、今後の教育において避けて通れない。しかし、本書の目的は、その具体的な方法を提供することではない。

　生成 AI の登場によって、「レポート課題に意義はあるのか？」という問題が改めて問われるようになった。しかし、実はこの問題は生成 AI が登場する以前から存在していたのではないだろうか。生成 AI の問題を検討するにあたっても、まずはレポート課題の意義を整理し、学生にどのような貢献を求めるのかを明らかにすることが重要である。この点が明確にならなければ、生成 AI の効果的な活用法を議論する基盤が成り立

たない。

　そのため、本書で取り組むのは、そもそもレポート課題とはどのようなものかという原理や構造に関する問題である。遠回りに感じるかもしれないが、レポート課題の構造をしっかりと理解することが、新たな技術が引き起こす問題に対する有効な解決策の基盤となるだろう。構造を理解することで、論題の設計や発見にも寄与するはずだからである。論題の設計にはひらめきや偶然の要素も重要だが、本書では、あくまで構造的なアプローチを重視している。また、本書で紹介する様々な分類は、実体の分類というよりも、論題を設計する際に参考にしやすいかどうかを重視したものである。

　では、具体的にどのような論題を設計することを本書で目指すのか。本書では「効果的な論題」を設計することを目指している。効果的な論題を構成する要素は次の3つに分類できると考える。

①レポート課題で何を求めたいかを教員があらかじめ設定すること（第2章、第3章）

②その求めたいことを評価できるような論題を設計すること（第3章、第4章前半）

③学生がそのレポート課題に自分の頭を使って真剣に取り組もうと思うようになること（第4章後半）

　①は何を持って効果的とするかの基準の設定の話であり、この点が論題の良し悪しの基軸となる。もちろん、この観点はレポートの評価の観点とも密接に関わっている。②は①の基準が浮かび上がるような論題を設計することである。たとえば、サッカーのドリブルの能力を評価したいのに、バスケットのドリ

ブルをさせても、適切に評価できないといった問題である。③
は、①②がしっかりと検討されており、かつ、そのことが学生
にもしっかりと伝えられていれば、学生は真剣に取り組もうと
思うと考えられるが、①②とは独立した問題として③について
も検討したい。本書をお読みいただければ結果的にそれらにつ
いて意識しながらレポート課題を設計できるようになると考え
る。

　本書におけるレポート課題についての考察は、われわれの研
究プロジェクト[1]で実施した大学教員に対するレポート課題に
関する調査に基づいている。まず、大学教員を対象に実施した
オンライン調査により、150名から回答を得た（調査期間は
2021年度から2022年度）。さらに、その回答者の中から37
名に対して、オンライン調査では明らかにできなかったさらに
具体的な点についてインタビュー調査を行なった（実施期間は
2021年度から2022年度）。これらの調査に協力してくださっ
た方々には、改めて感謝の意を表したい。本書の第2章と第3
章での様々な分類は、このインタビュー調査から構築した分類
仮説に基づいている。

　AI対策の観点からすると、もはやコピペレポートの時のよう
な「防犯」という方向性は基本的に厳しくなってくるだろう。
もちろん、本書の工夫を取り入れるのとそうでないのとでは、
AIに対する対応度合いは変わってくると思うが、それでもAI
を利用すれば容易に書けてしまうだろう（また、現在は対策で
きたとしても、AIの進化により破られるのは時間の問題だろ
う）。よって、AI対策としては、そうした防犯的な観点ではな
く、学生自身が書くことに意義を感じ自ら書こうと思うような

論題を設計することこそが重要だと考える。極端に言えば、「AIを使いたければ使ってもよいが、それだけでは自身の力がつかないので結果的に損をするよ」というスタンスしかないのではないだろうか。

このように考えると、③はもっとも重要になってくる。③において重要なのは、学生の好奇心をかき立てることだけでなく、そのレポート課題に取り組むことの意味や、それに向けてどのような努力をしないといけないのかを学生が理解できるかどうかである。

また、ライティング教育としての体系性についても考慮する必要がある。アカデミックライティング教育に関しては、多くの大学の初年次教育科目で、指導が行なわれるようになってきた。また、4年次のゴールとして、卒業論文を設定するというのは一般的なことだと言える。しかしながら、その中間の2年次、3年次のライティング教育についてはどうだろうか。その学年でアカデミックライティングの指導がなされるケースはほとんどなく、レポート課題こそが、唯一の書く機会であり、また、もっとも多くの書く機会となっているというのが現状であろう。そうすると、2年次や3年次でアカデミックライティング科目を導入したとしても、結局その現状は変わらないだろう。つまり、こうしたすでに整ったインフラとしてのレポート課題自体を、体系的なライティング教育の場とするのがもっとも現実的かつ効率的なのではないだろうか。

本書は、これらの問題に対して直接的な解答を提示するのではなく、あくまでレポート課題の「構造」を明らかにすることを目的としている。具体的には、レポート課題における教員の

ねらいにはどのようなものがあるかや、どのような論題や評価が考えられるかといったことである。こうしたことを明らかにすることで初めて、どのようなレポートが学生の能力育成に貢献するか、その役割分担を明確にできると考えている。4年間を通した体系的なライティング教育への道は、こうしたレポート課題の構造を「再発見」することから始まるのではないか、というのが本書のスタンスである。

　本書では、「論題」と「レポート課題」という用語を区別して使用する。論題とは、教員からの具体的な指示文を指す。たとえば、「○○について説明せよ」や「△△について自分の意見を述べよ」といったものである。一方、レポート課題とは、論題を含むより広い概念を表す。レポート課題には、評価基準、提出期限、形式的な要求（文字数やフォーマットなど）、実施のタイミングなど、論題以外の要素も含まれる。このように、論題はレポート課題の一部分であり、レポート課題はそれを包括する広い概念として用いる。

　また、本書で取り上げるレポート課題は、基本的に人文系の授業において、講義などのインプットを経た上で成績評価のために出題されるレポートを対象とする。

注

1　本調査は、科学研究費助成事業（基盤研究C）「効果的な評価を可能にするレポート論題についての実証研究」（代表：成瀬尚志）および、日本私立学校振興・共済事業団 学術研究振興資金「効果的なレポート論題に関する実証研究」（代表：成瀬尚志）の一環として実施されたものである。

目　次

はじめに …………………………………………………………… iii

第1章　なぜレポート課題について考える必要があるのか？
　　　　………………………………………………………………… 1
1　大学教員はレポート課題についてどれだけ知っているのか？
　　　　………………………………………………………………… 1
2　学生目線で考える ……………………………………………… 3
　　2.1　ライティング経験の乏しさ ………………………………… 4
　　2.2　何が求められているかわからない ………………………… 5
　　2.3　教員ごとに求められるものが異なる ……………………… 8

第2章　教員の「ねらい」とその4分類 ……………………… 11
1　教員の「ねらい」………………………………………………… 11
2　ねらいを分類する ……………………………………………… 13
　　2.1　アカデミックライティングで重視される「論証」………… 14
　　2.2　卒論との接続──オーガナイズすることを求める ……… 16
3　ねらいの4分類 ………………………………………………… 17
4　ねらいの4分類から見えてくること …………………………… 20

ix

第3章　レポート論題の4分類と評価のためのアプローチ
　………………………………………………………… 23
1　レポート論題の4分類 ………………………………… 23
2　論題の4分類とその整理 ……………………………… 25
3　論題の4分類の具体例 ………………………………… 28
4　2つの自由度──「主張内容の自由度」と「論証方針の自由度」
　………………………………………………………… 31
5　評価対象の分類──既知かどうか …………………… 33
6　論題の分類を理解することのメリット ……………… 36
コラム①：論題の4分類にもとづいた調査 …………… 40
コラム②：プロンプトとしての論題 …………………… 44

第4章　具体的な論題の設計と制約条件 ………………… 49
1　学生の貢献を明確にする制約条件 …………………… 49
2　3つの貢献のレベル …………………………………… 50
　2.1　出力レベルでの貢献 ……………………………… 50
　2.2　主張内容レベルでの貢献 ………………………… 51
　2.3　取り組む問題レベルでの貢献──指定した素材への対応
　………………………………………………………… 53
3　ライティングをドライブさせる ……………………… 54
　3.1　問いはライティングをドライブするか？ ……… 56
　3.2　ライティングをドライブさせるものとしてのオリジナリティ
　………………………………………………………… 57
　3.3　オリジナリティを生み出すための工夫 ………… 58
4　レポート執筆をドライブさせるための具体的な工夫 ………… 60

4.1 出力レベルでの工夫 ……………………………………… 60

4.2 主張内容レベルでの工夫 ………………………………… 62

4.3 取り組む問題レベルでの工夫 …………………………… 63

第5章　学生に「レポートガイドライン」を提示する ……… 67

1　レポートガイドラインの項目 ………………………………… 68

1.1 レポート課題を出題するねらい ………………………… 68

1.2 論題 ………………………………………………………… 68

1.3 フォーマットや形式 ……………………………………… 68

1.4 論題の具体的な説明と求められる貢献 ………………… 69

1.5 宛先の設定 ………………………………………………… 69

1.6 評価 ………………………………………………………… 70

1.7 注意事項──つまずきの紹介 …………………………… 70

2　レポートガイドラインの事例 ………………………………… 70

第6章　ライティング教育としてのレポート課題──誇り高い
書き手を育てる ……………………………………… 83

1　書き手を育てるという観点の重要性 ………………………… 83

2　書き手を育てるための3つの段階 …………………………… 84

3　フィードバック ………………………………………………… 87

4　引用などの執筆時のルール …………………………………… 91

5　評価 ……………………………………………………………… 92

6　体系的ライティング教育に向けて …………………………… 93

7 AI時代のレポート課題とは？──誇り高い書き手を育てる
……………………………………………………………97

参考文献一覧 ……………………………………………… 101
あとがき──「団体戦」としてのレポート課題のはじまり ………… 103

第 I 章

なぜレポート課題について考える必要があるのか？

　本書は、レポート課題とはどのようなものであるかを明らかにすることを目的としている。もちろん、生成 AI 対策としてのレポート課題がどのようなものかを検討する必要性は明らかであろう。しかし、そうではなく、「そもそもレポート課題とはどのようなものか」という問いにどれほどの意味があるのかについては疑問に思われる方も多いかもしれない。とはいえ、ありふれたレポート課題も、よくよく検討すると、そこには様々な問題が潜んでいることが見えてくる。そこで本章では学生と教員の両方の視点から、レポート課題を取りまく問題について検討していく。

I　大学教員はレポート課題についてどれだけ知っているのか？

　多くの大学教員はこれまで何度もレポート課題を出した経験があるだろう。しかし、「レポート課題」というフレーズから想起されるものは全ての教員にとって同じだろうか。たとえば、「レポートを箇条書きで書かせている」という事例があれば、

「それってレポートと言えるのか？」という反応が生まれることも十分考えられる。そこから「そもそもレポート課題とは何なのだろうか？」という問いまではそう遠くない。レポート課題は以前から存在し、現在も広く実施されているが、これまで十分な検討が向けられたことは少なかったのではないだろうか。

　では、具体的にレポート課題とはどのようなものかについて検討するために、比較対象として学術論文を取り上げてみよう。レポートは学術論文と同じように書かれるべきだと考える人は少ないだろうが、「学術論文の簡易版」と考える人は多いかもしれない。では、学術的なオリジナリティまでは求めないとした場合、オリジナリティはまったく必要ないのだろうか。それとも、レポート課題特有のオリジナリティがあるのだろうか。また、学術論文の簡易版であるなら、論証を求めることがやはり重要なのだろうか。もちろんこれらはケースバイケースであり、一概には言えない。しかし、大衆化された大学において、レポート課題を「学術論文の簡易版」としてのみとらえるのは現実のレポート課題の理解として適切ではないのではないだろうか。

　もちろん、レポート課題と学術論文とで重なる部分はあるだろう（そしてそれらについてはすでにわれわれはよく知っている）。しかしながら、重ならない部分（学術論文は有していないがレポート課題が有しているもの）については十分な検討がなされてこなかったのではないだろうか。レポートは学術論文とはまったく異なるゲームであることを理解することから出発し、レポート課題に特有のものが何かについて検討する必要があるのである。

その際に、鍵となるのはオリジナリティである。レポート課題には学術論文レベルのオリジナリティは求めない、という点では多くの教員間で合意があるだろう。では、そのオリジナリティを諦めたときに、レポート課題で何を求めているのかと問われると、それに対する答えに窮する方は多いのではないだろうか。では、「何のオリジナリティも求めない」というラディカルな回答はあり得るだろうか。コピペレポート問題や生成AI問題が話題になっていることから、多くの教員が「なんらかの」オリジナリティを求めていることは明らかだろう。

では、そこで言う「なんらかのオリジナリティ」とは何なのだろうか。具体的には、「自分の言葉で説明する」、「自分の経験を通して説明する」、「自分で論証を構築する」、「自分で問いを立て、それに対して答える」など、多様なものが考えられる。それらは「学習の文脈におけるオリジナリティ」と呼ぶことができるだろう。では、その「学習の文脈におけるオリジナリティ」とは具体的にどのようなものなのか。本書ではその点について検討したい。

2　学生目線で考える

レポート課題の良し悪しは、学生がどのように取り組み、どのようなレポートを書き上げるかによって決まる。したがって、学生の視点から考えることが不可欠である。学生目線で考えたときに、特に次の3点に着目したい。

2.1 ライティング経験の乏しさ

　学生目線でレポート課題を考えると、まずは、ライティングの経験が乏しいことが挙げられる。そのため、教員にとって自明と思われることが、学生には必ずしもそうではない場合がある。特に1年生の場合、これまでほとんどまとまった文章を書く機会がなかったのではないだろうか（最近では高校の「総合的な探究の時間」の中でそうした機会を得るケースも増えつつあるだろうが）。

　一方、レポートを出題する教員は研究者であるケースが多く、研究者であれば文章を読む機会や書く機会が一般的に多い部類に入るだろう。つまり、リーディングやライティングに関する経験やスキルは、学生と教員で大きく異なっているのである。こうしたスキルや経験の差そのものは直接の問題ではない（指導や教育の多くの場面で同様である）が、問題なのは、教員が特別なレクチャーを受けていないため、手探りで論題や評価を検討しなければならない点である。そこにスキルや経験の差が加わることで、教員の意図や期待する水準が学生には伝わりにくくなり、その結果、論題が学生にとってわかりにくいものになるケースが生じやすいのである。

　こうした経験の差があるため、たとえば、「自由に論じよ」という論題に対して、教員であれば、「問いを設定し、それに対する意見を述べ、その意見の妥当性を検討する」という方略が瞬時に思い浮かぶ。しかし、学生にとってはそうではないかもしれない。したがって、経験の乏しい学生にも理解できるような論題設定が重要であると言える。

2.2　何が求められているかわからない

　レポート論題でそもそも何が求められているかが学生には分からないというケースもある。以下の表1の事例は、渡辺哲司『「書くのが苦手」をみきわめる―大学新入生の文章表現力向上をめざして』（学術出版会、2010）で取り上げられていたものである（「出題文」が「論題」にあたる）。そこでは、それぞれの論題に対して、学生の「書くときの苦労の内容」が説明されている。この論題と苦労の内容だけからは、教員が何を求めているのか確かにわかりづらいと言えるかもしれない。

　授業でより具体的な説明があったのかもしれないし、明示的な指示のない論題を出すことで、学生が試行錯誤をしながら書くということ自体を教員が目指していたのかもしれない。しかし、いずれにせよこの苦労を吐露している学生にとっては、そうした教員の意図は十分に伝わっていなかったと言えるだろう（もちろん、その学生が授業をきちんと聞いていなかった可能性も考えられる）。この具体的な事例についての解釈は置いておくとして、レポート論題に関しては、教員が何を求めているのかを具体化し、それを学生にわかるように伝える必要がある。教員側が論題をあえて具体的に示さないという選択肢もあり得るが、その場合でも、なぜそうしているのかのねらいを伝えることが重要だろう。

表 1　論題と苦労の内容（渡辺（2010）から筆者が作成）

	事例 A	事例 B	事例 C	事例 D
出題文	芸術家のための空間を建てる場所。	授業の中で興味をもったことについて、学術文献を読んで理解しわかったことをまとめる。	あなたの専門分野における擬態と、それを見破る方法について論じよ。	外来生物を1種選び、調べたことを書け。
付帯条件	A4用紙1枚、1週間	A4専用紙・2,000字程度、6日間、手書き、インターネットを参考にしてはいけない「感想文」不可	A4用紙1枚、約1週間	1,000字、1週間
苦労の内容	漠然としたテーマが与えられ、条件もまったく無い状態で…その場所がどう適しているのか、その場所から何が得られるかをレポートにするのに苦労した。	…テーマ設定も抽象化しやすく大変だったうえ、どこまで自分の意見を入れてよいのかもわかりづらいものだった。	…授業をふまえないで自分の意見を書いていいのか悩み、かといって授業の内容をふまえるとレポートが書けない…。	レポートは自分の意見や考えを書くものだと教えられたと思っていたので、生物について調べたこと以外のことも書かないといけないのか、調べた事実だけでいいのかわからず悩んだ。

　レポート課題で学生が何をすればよいかわからないという問題はDevlin&Gray（2007）の調査でも指摘されている。そこでは、剽窃をした学生にインタビューを行ない、剽窃を行なった理由として次の8つの理由を挙げている。

1. 入学時のレベルが低いので、剽窃するしかない
2. 剽窃が何かわかっていない
3. 自分で調べたり、考えたりするスキル、またそのための時間を作るスキルが低い
4. 課題がフェアではない、難しい、できないと感じる
5. 怠惰、剽窃したほうが楽
6. ばれずに剽窃できることが誇らしいと感じる
7. よい成績へのプレッシャー
8. 学習にかけるお金を無駄にできないという感覚（入学費、留年費用、落第した場合の再履修費など）

　このうち1～4の理由は、論題で何をすればよいかが具体化されていれば防げたのではないだろうか。「何をすればよいかわからない」というのは、学生のコピペレポートの温床にもなっていると言えるかもしれない。

　とはいえ、論題の中で何を求めているかを具体的に示すことは、実は難しいことでもある。たとえば、「論理的に説明しなさい」や「持続可能な社会にするために何が必要か説明しなさい」という指示は、具体的な指示に見えるかもしれない。しかし、学生側にとっては何を求められているのかがわからないかもしれない。これは「ホームランを打て」という指示に近いかもしれない（求められていることはわかるが、実行するのが難しい）。どのように具体化すれば学生にとって実行可能なものとして理解されるかを検討する必要がある。

2.3　教員ごとに求められるものが異なる

　また、学生目線で考える際に重要なのは、学生が同時に複数の授業でレポート課題に取り組んでいるという点である。私は多くの大学教員から論題を収集したが、論題に限っても多種多様であった（よって求められていることも多種多様であろう）。あるレポートでは自分の意見が求められるが、別のレポートでは意見は書いてはいけないと指示されたり、ライティング指導科目で、序論・本論・結論に沿って書くように指導されたが、あるレポートでは 800 字程度の分量だったりする（よって序論・本論・結論に沿って書くことができない）など。こうしたことから、「レポート課題」に対して、学生は「とんでもなくなんだかよくわからないもの」というイメージを持っているかもしれない。

　もちろん、授業ごとに到達目標が異なるため、レポート課題で求められる内容も変わってくるのは当然である。しかし、書く経験が乏しい学生にとっては、こうした多様な論題に対応する能力が十分に身についていないことも考えられる。したがって、学生がどの授業のレポート課題にも効果的に取り組むには、各レポート課題で何が求められているかを明確にし、その意義を、他の授業の課題との相対的な関係の中で理解できるようにすることが重要ではないだろうか。

　しかしながら、われわれ教員は、他の教員がどんな論題を出しているのかを知る機会がほとんどないのが現状である。自身が出題している論題やそこで求めていること（あるいは評価のポイント）が他の授業と比べて相対的にどうなのかを知ることには大きな意義がある。「レポート課題」と名指しされている

指示対象の全体を把握することで、自身のレポート課題をその中で相対的に位置づけることができるだけでなく、さらに効果的に洗練させることが可能かもしれないからだ。

　このように、レポート課題は様々な観点から「機能不全」を起こしやすい構造を含んでいることがわかった。これらの問題を解決するためには、教員自身がレポート課題で何を求めるのか、そのねらいを明確にし、学生にそれを具体的に伝える必要がある。次章では、まず教員のレポート課題に対する「ねらい」を４つに分類し、それらがどのように異なるかを検討していく。

第 2 章

教員の「ねらい」とその 4 分類

I　教員の「ねらい」

　前章では、なぜレポート課題について検討する必要があるの
かについて考えた。そこでは、われわれがレポート課題につい
て、他の教員の出した論題も含めて検討する機会がほとんどな
いため、実はあまりよく知らないのではないかという事情を明
らかにした。また、学生目線からレポート課題を考える機会も
少なく、学生との間で共通認識をもたないまま課題のやりとり
がなされているのではないかということを指摘した。こうした
背景を踏まえながら、本章から具体的なレポート課題の検討に
移ることとする。

　レポート課題について検討するというと、まずはどのような
論題を出し（論題の設計）、それをどのような観点から評価す
るか（評価の観点の設定）、という議論が中心となる（本書で
もそれらの議論が中心となる）。しかしながら、レポート課題
を検討する際には、それらだけを検討するのでは不十分である。
その理由について見るために、まずは次の 2 つの論題を見ても

11

らいたい。

> J.S. ミル『自由論』第二章「思想および言論の自由について」を読み、その内容をまとめたうえで、その議論が今日の言論状況（ヘイトスピーチやポルノグラフィー、萌え絵ポスターなど）のなかでもつ射程と限界について論じてください[1]。

> 正義とは何かについて、AさんとBさんの会話形式で説明しなさい。

　前者の論題は、多くの人がレポート課題と聞いてイメージするものに近いのではないだろうか。一方、後者は、2016年に出版した『学生を思考にいざなうレポート課題』（以下『いざなう』）でコピペレポートを防ぐための論題案の1つとして提案したものである。たとえば、授業で正義とは何かについて説明したとして、その理解度を問うために「正義とは何か説明しなさい」と問うと、コピペレポートを誘発してしまう。しかし、会話形式でのレポートを求めると、ネット記事などを参照したとしても、それを会話形式に変換しなければならないため、その部分で学生が頭を使い、理解度を問うことができるのではないかと提案した。

　この会話形式のレポートについては様々な意見が寄せられた。「会話形式のレポートを出したことでうまくいった」という意見もあれば、「これってそもそもレポートといえるのですか」という意見もあった。確かに、いわゆるアカデミックライティングの作法からすると、この会話形式のレポートは大きく外れ

ているというのはその通りである。しかし、授業の理解度を確認するという目的からすると、それほど大きく外れていないのではないだろうか。ここでポイントとなるのは、会話形式のレポートに対して、ほとんどの教員が「それはなし」と考えているわけではなく、「それは使える」と考えた教員も一定数いたという点である。こうした反応の違いについてどのように考えるべきだろうか。

　ここで、レポート課題に関する「ねらい」という概念を導入する。これは、なぜレポート課題を出すのかという教員の意図を示すものである。たとえば、レポートではしっかりと「型」を身に付けさせたいというねらいを持っている教員もいれば、授業の理解度を確認することを重視している教員もいるだろう。先に挙げた会話形式の論題は、アカデミックライティングの「型」を身に付けさせたいというねらいを持っている教員にとっては有効な論題ではないと言える。つまり、ある論題の「その教員にとっての」良し悪しというのは、その教員のねらいに相対的に決まると言えるのではないだろうか。そうであるなら、論題や評価の議論に移る前に、まずはその教員のねらいについて検討する必要があるだろう。以下では、具体的に教員のねらいにどのようなものがあるかについて検討する。

2　ねらいを分類する

　ねらいは様々な要素を含んでいるため、分類することは困難である。しかし、次の質問に対しては、ある程度はっきりと答えが分かれるのではないだろうか。

> A1：レポート課題でアカデミックライティングを重視して
> いますか？
> A2：レポート課題と卒業論文との接続を意識しています
> か？

　もちろん、それぞれの質問で何が意味されているのかを明確
にする必要はある。前者の質問に関してはアカデミックライティ
ング（以後AW）で何を指しているかによって変わるかもし
れないし、後者についても、卒論との接続をどの程度意識して
いるかによって回答は異なるだろう。しかし、一方で、どちら
の質問に関しても（質問内容を明確化する前に）特に意識して
いない、重視していないという回答もあり得る。先の会話形式
のレポートをレポートと見なす方は、この2つの質問に対して、
どちらも当てはまらないと答えるのではないだろうか。以下で
は、この2つの質問の内実を具体的に見ていこう。

2.1　アカデミックライティングで重視される「論証」

　AWに関するテキストは現在では数え切れないほど存在し、
その内容はライティングの準備段階から執筆段階にいたるまで
多岐にわたる。AWの構成要素を大きく内容面と形式面に分け
ると、内容面には問いの設定や論証に関する事柄が含まれ、形
式面には引用や参考文献の表記などが含まれる。ここでは、そ
うしたAWの構成要素の中で、ねらいの違いに影響を与えて
いるものに着目したい。たとえば、引用の仕方はAWの重要
な構成要素だが、「適切な引用をする」ということは、どのね
らいにもあてはまるだろう（そもそも引用を求めないレポート

課題もある）。つまり、引用の適切さは、ねらいの分類には直接影響を与えないのだ。

　AWのテキストの中で必ず言及されるのが「論証」である。問いに対する答えを、どれだけ説得力を持って説明できるかが、論文やレポートの本質だとされている。レポートにおいて論証が重視されていることは、「論証型レポート」というフレーズがライティング教育の中でも説明なしに使われるようになってきたことからも明らかであろう。この論証こそが、ねらいを区別する重要な観点である。

　この論証を理解するためにまず「根拠」を取り上げよう。「根拠のない意見はただの感想だ」という説明はライティングの指導でよく用いられるが、先ほどの引用と同様に、この「根拠の提示の重要性」は、すべてのねらいにおいて重視されているだろう。では、根拠と論証はどう異なるのか。

　ここでは、論証を「構造化された根拠」と定義したい。なんらかの主張をサポートするという点では、根拠も論証も同じである。しかし、両者の違いはその内容が構造化されているかどうかにある。たとえば、あることの根拠を説明する際、「AがBである。なぜならCだからだ」と一言で説明できることもある。このように根拠は単純な説明になる場合もあるのに対し、論証は一つの主張をサポートするために、より多くの文や段落を必要とする。異なる視点や反論を考慮したり、具体例を用いたりして、複数の要素が一体となって主張を支える。これが「構造化」であり、論証の本質的な特徴である。このように論証について説明すると、「確かにそれはレポートで重要だ」という人と、「レポートではそこまでは求めないな」という人に

分かれるのではないだろうか。

2.2　卒論との接続──オーガナイズすることを求める

　卒業論文を担当している教員は、卒論の指導を少しでも楽にするために、講義科目のレポート課題でも、卒論に役立つスキルを身につけさせようと意識しているのではないだろうか。一方で、授業の課題はあくまで授業の課題であり、卒論との接続をそれほど重視していない教員もいるだろう。実際に卒論を担当していない場合や、受講生が多すぎる場合はそうなるかもしれない。卒論との接続の是非についてはここで立ち入らないが、ねらいを分類する１つの観点として挙げておく。

　卒論で求められるスキルや要素は非常に幅広い。例えば問いの設定や情報収集、参考文献や注の表記など、さまざまな要素が含まれる。しかし、ここでは「オーガナイズ」（学生自身が自分の力で文章全体をまとめ上げること）という要素に焦点を当てたい。

　このオーガナイズについて考えるためにその対極にあるものを考えよう。たとえば、「Ａとは何か説明しなさい」「Ａの問題点を説明しなさい」「Ａの解決策を考えなさい」などの一問一答のような論題は実際に存在するが、これらの論題では、基本的には解答が何千字にもなることは想定されておらず、それゆえ、構造化されたレポートをそもそも求めてはいないだろう。

　対照的に、学生自身に構造化を求めるケースもある。何をどの順番でどのように論じるかを学生自身に任せるレポートは、オーガナイズすることを学生に求めていると言えるだろう。レポート課題でオーガナイズすることを求めているすべての教員

が、卒論を意識しているかはわからないが、オーガナイズする
ことを求める重要な理由の1つとして卒論との接続というのは
考えられるだろう。

3　ねらいの4分類

　ねらいの試金石となる先の2つの質問は、上記の検討を経て、
具体的には次のように言い換えることができる。

A1：レポート課題でアカデミックライティングを重視して
いますか？
→A1'：（構造化された根拠としての）論証を求めています
か？
A2：レポート課題と卒業論文との接続を意識しています
か？
→A2'：オーガナイズを求めていますか？

　この2つの質問に関して分類すると、教員のねらいは次の4
つに分類できる。

	論証を重視する	論証を重視しない
オーガナイズを求める	①学術論文タイプ	③プロジェクトタイプ
オーガナイズを求めない	②型重視タイプ	④理解度確認タイプ

以下では、4つのねらいそれぞれを詳しくみていくために、そ
れぞれのねらいに応じた具体的な論題を用いて説明する。

①学術論文タイプ：論証を重視し、オーガナイズを求める

> 「なぜ悪いことをしてはいけないのか」という問いの応答の
> 1つとして社会契約説からの説明がある。この「社会契約
> 説」とは何であるのかを解説した上で、当該の問いについて
> それがどの程度説得力があるかをその限界も踏まえて論じて
> ください[2]。

このタイプでは、学術論文に近いタイプのレポートが求められ
る。学生に問いを設定させるケースもあるが、授業では直接扱
わなかった「問い（謎）」を設定することが多く、自由度が高
い（そのためオーガナイズが求められる）。また、論証も重視
されている。

②型重視タイプ：論証を重視するが、オーガナイズは求めない

> レジュメ「科学技術倫理概説」の中から任意のテーマ（e.g.
> 「脳死と臓器移植」「エンハンスメント」）あるいは任意の先
> 端技術（e.g.「犯罪予測プログラム」）をひとつ以上選び、
> （1）倫理的問題や倫理的に懸念される事項を明らかにし
> 　　た上で、
> （2）自身が専門家として、あるいは一般市民として、将
> 　　来的にこうした問題に携わることになったとするな
> 　　らば、どのように対処するか（したいと考えるか）
> 　　について、「1. 背景と現状，2. 倫理的問題，3. 自身の
> 　　立場とその立場をとる理由，4. 結語」の構成に沿っ
> 　　て論じなさい。

このタイプでは、指定した型に沿って書くことが求められる。アカデミックなコミュニケーションにおいて重視される型に従って書くことで、自然に論証が構築される仕組みになっている。議論の構造や要素があらかじめ決められているため、全体の構成を自分で組み立てる必要はなく、オーガナイズは求められない。論題としては、是非型のものが多い。

③プロジェクトタイプ：論証は重視しないが、オーガナイズを
　求める

> 授業で取り上げたトピックの中から一つ選び、①自分で問いを立て、②その問いに関連する資料を複数集めそれらを要約した上で、③問いに対する答えを根拠とともに説明しなさい。

このタイプでは、授業で扱ったテーマについて、学生自身が調べて考えることを目的としている。授業内で扱える分量には限りがあるため、学生がそのテーマに関して情報収集を行ない、そのテーマの問題に取り組むことが重視される。レポート（や卒論）を1つのプロジェクトとして捉えてその実践を求めるため、オーガナイズが重要となる。一方で、論証はそれほど重視されていない。構造化された論証が含まれていれば加点されるが、主要なねらいではない。学生が「レポート作成」というプロジェクトにどのように取り組んだかが評価の中心となり、授業内容の理解度の確認はそれほど重視されない。

④理解度確認タイプ：論証を重視せず、オーガナイズも求めない

> この授業では科学と疑似科学の区別について学びました。そこで「科学っぽいもの」の事例を1つ見つけ出し、それが科学か疑似科学かについて線引きしてください。その際、その線引きする根拠を具体的に示してください。

> 功利主義と義務論の違いを説明し、それぞれに基づいて次の事例を分析してください：ある企業が環境保護のために多額の資金を投じて新しい技術を導入しようとしていますが、その結果、短期的には従業員の給与が減少する可能性があります。この決断は正当化されるか、理由を挙げて説明してください。

このタイプでは授業の理解度を確認することが主な目的である。授業の理解度を確認するために、前者の論題では、授業で学んだ内容を踏まえて具体的な事例をピックアップすることが求められ、一方、後者では、授業で学んだ内容を新たな事例に当てはめて考えることが求められている。レポート全体として、オーガナイズはほとんど求められておらず、根拠を示すことは必要だが、論証までは求められていない。

4　ねらいの4分類から見えてくること

　ここで、冒頭に挙げた会話形式のレポートについて振り返っておこう。ねらいの4分類を踏まえて考えると、このタイプのレポートが受け入れられなかった理由が見えてくる。おそらく、④理解度確認タイプのねらいをもつ教員には受け入れられたが、

他のねらいをもつ教員には受け入れられなかった、と説明できるだろう。このことから、どのような論題が自身の授業に相応しいかは、教員のもつねらいに応じて決まると言える。

　もちろん、授業の到達目標に応じて論題や評価基準を設定するのが理想的である（つまり、どのような論題が適切であるかは、授業の到達目標によって決まる）。しかし、実際のところはそうではなく、教員は自分自身のもつねらいに基づいて論題や評価基準を設定していることが多いのではないだろうか。

　また、私が行なった聞き取り調査では、「授業の理解度の確認」については、④以外のタイプではそれほど重視されていなかった。それぞれのタイプごとに、レポート課題で重視されている点が異なるのである。

　各教員がこうしたねらいをもつにいたった背景には、教員自身の教育環境における経験が反映されていると考えられるかもしれない[3]。これらのタイプの違いは、優劣の問題ではない。上記の分類は、異なるアプローチが存在する事実を記述しているに過ぎない。

　この章で述べてきたように、レポート課題におけるねらいは、論題や評価基準の設定において基盤となるものである。どのような論題を設定すべきか、あるいは何を評価すべきかについて悩んだ際には、改めて自分が設定したねらいに立ち戻ることが重要である。また、場合によってはねらい自体を再検討することも必要である。このように、論題や評価の議論を進める前にねらいについて検討することが効果的なレポート課題を設計するためには不可欠なのである。レポート課題のねらいが明確になったところで、具体的な論題の検討に進もう。

第2章　教員の「ねらい」とその4分類　21

注

1 この論題は大阪大学の長門裕介さんからご提供いただいたものである。

2 この論題は大阪大学の長門裕介さんからご提供いただいたものである。

3 選抜性の高い大学で卒業論文を担当している教員は①学術論文タイプが多く、選抜性がそれほど高くない大学で卒業論文を担当していない教員は④理解度確認タイプが多いという関係性が見い出せるかもしれない。

第 3 章

レポート論題の 4 分類と評価のためのアプローチ

　前章では、教員のレポート課題に対するねらいを大きく 4 つに分類した。ねらいは、論題や評価のベースとなる価値観と言える。本章では、具体的な論題の方に軸足を移し、論題のタイプにはどのようなものがあるのかについて分析する。

I　レポート論題の 4 分類[1]

　論題で何をどのように問うかは教員にとっては悩ましい問題である。実際に出題されている論題も多種多様であり、それらの一覧を見ても、どれが自分の授業に適しているか判断するのは簡単ではない。しかしながら、論題を指示文レベルで分析すると大きく次の 4 つに分類できると考えられる。たとえば倫理学の授業で功利主義について説明を行った場合のレポート論題を例に見てみよう。

Q 1：功利主義とは何かについて説明しなさい。

Q 2：功利主義を用いて説明できる具体的な事例を取り上げ
　　　なさい。

23

> Q3：功利主義についてあなたの意見を述べなさい。
> Q4：功利主義という立場について自分で問いを立てて答え
> 　　　なさい。

　まず、本書で扱うレポート課題が講義などの何らかのインプットがある授業でのレポートであることからすると、授業で説明されたインプット（講義内容）がまずはベースとなる。ここでは、そうした授業で説明された内容を含め、レポートが扱う内容のことを「素材」と呼ぶこととする。たとえば、授業の中で功利主義について説明をした場合、その功利主義についての説明内容が素材となる。そうすると、まず論題として考えられるのはそうした素材についての説明を求めるようなものであろう（Q1）。また、そうした素材についての意見を聞く論題も考えられる（Q3）。ライティングの指導の中で「事実（の説明）と意見を区別する」ことが一般的に指導されていることからも、この2つの論題を区別することは重要だろう（功利主義についての説明と功利主義に対する意見とはやはり明確に求めていることが異なるだろう）。

　一方で、そうした素材を出発点として、さらに一歩進んだ何かを求めるような論題も考えられる。たとえば、功利主義を用いて説明できるような具体的な事例をピックアップさせるような論題が考えられる（Q2）。また、功利主義に関する問いを立てさせ、その答えを論じさせるような論題も考えられる（Q4）。これらの論題は、説明や意見を述べただけでは、適切に答えたことにならないことから、先の説明や意見を求める論題とは異なるものだと言える。こうしたことから、論題は（少なくと

も）以下の4つに分類できると考えられる。

①説明型：素材についての説明を求める論題
②応用型：素材を踏まえて応用や活用を求める論題
③意見型：素材についての意見や主張などを求める論題
④探究型：素材に関する問いを立てその答えを論じることを
　　　　　求める論題

2　論題の4分類とその整理

　この4つのタイプの論題を、素材を中心に図示すると図1のように示せる。横軸の①説明型と②応用型は事実ベースの内容を求め、縦軸の③意見型と④探究型は意見ベースの内容を求めているとさらに大きく分類することができるだろう。

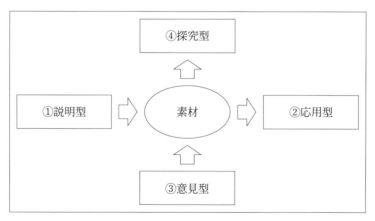

図1　レポート課題の4分類

中心部分の「素材」には、基本的には授業内容が入るが、それ以外のものが入るケースもある。

　資料となる映像を見た上で、重要な論点だけを要約した上で、関心を持った論点を論評する。論評は好き嫌いに基づいた感想ではなく、賛否・真偽・是非・正誤などについて客観的に判断した上で、論拠を挙げながら自らの主張を述べてください。

　資料に書かれている「事例」は、現場の先生が実際に体験した生活指導の状況・場面などをもとに創作したケースである。またこの「ケース」に対して、それぞれの現場の実践家が、自分なりの指導の方針や、今後の展開について考察を行っている。

　この資料には「ゲンキ」という男の子が登場する。その子が「主人公」となって起こした（起きた）「お団子事件」に対して、二人の実践家が、その後の教師の対応（その先のてんまつも含めて）について、架空の「ストーリー」として書き起こした文章が続いている。

　これらの資料を読み、以下の2つの問いにそくして文章を書いてほしい。

　①ふたりの実践家が描いた「教師の対応」について、あなたはどのように感じましたか。

　②あなた自身が、こうした場面に直面したら、どのように対応すると思いますか。自分自身が教師として（あるいは教育フィールド生として）その場にいたら、と想像して、自分

なりの「実践記録」を書いてみてください。

これらの論題では、授業内容とは別に、レポートに取り組む際に別の素材（資料）が提供されている。それゆえ、上図の「素材」の部分には、（授業内容に加えて）、こうした追加された資料も加わることとなる。

　また、学生自身がそのレポートで書いたものがその素材部分に来るケースもある。

以下の（ア）〜（エ）のうちから1つを選び、テキスト『科学哲学』および講義内容を参考にして、（a）それがどういう問題なのか、（b）その問題についてどういう立場が存在するのか、さらに（c）その問題について自分は今のところどう思うかを書ける範囲でのべよ。（全体で1000字以内）
　（ア）生物学における還元
　（イ）心のモジュール説（テキスト 143–152 ページ）
　（ウ）科学至上主義（テキスト 154–159 ページ）
　（エ）価値観の科学への影響（テキスト 166–173 ページ）

この論題[2]では（a）と（b）で、授業内容（およびテキスト）の説明が求められている（①説明型）。そして（c）に関しては、（a）と（b）に対する学生の記述自体が素材となり、それに対する意見が求められている（③意見型）ことがわかる。実際の授業で出される論題は、このように複数の指示文が組み合わされて出題されることが多い。

第3章　レポート論題の4分類と評価のためのアプローチ　27

3　論題の４分類の具体例

　ここで、４つの論題タイプについて、より詳しく見ていく。それぞれのタイプがどのような特徴を持っているかを理解するために、具体例を用いて説明する。

①説明型

　これは、授業で説明した内容についての説明を求める論題である。授業内容の理解度をストレートに確認するものであると言える。具体的には次のような論題である。

> ロールズは『正義論』において、正義の概念をどのように定義し、その理由をどのように述べているのかについて説明しなさい。解答には、以下の語句から３つを選び、それぞれの語句がロールズの理論においてどのような役割を果たしているのかを明確にしながら記述してください。
> 　キーワード：原初状態、無知のヴェール、公正、格差原理、正義と善

この論題は、授業で行なわれた説明について、改めて学生自身に説明させるものである。授業内容の説明を求める場合、学生が授業資料をコピペするだけで済まないように、「自分の言葉で説明しなさい」や、「重要な点を３つ挙げて説明しなさい」といった具体的な指示を加えることが有効である。

②応用型

　これは、授業で学んだことを踏まえて活用や応用を求める論

題である。授業で説明された内容についての説明が求められる
①とは異なり、理論を適用したり、事例を抽出したりすること
が求められる。具体的には次のような論題である。

> この授業では、規範の成立についての慣習主義的理論を検討
> してきました。その具体例として、授業中には「マヨネーズ
> にカツオの刺身をつけて食べるのは望ましい」、そして「デ
> ニムジャケットをレイヤードするのはかっこいい」という規
> 範の成立を挙げました。これらの具体例とデヴィッド・ヒ
> ュームの哲学を手がかりに、何らかのアートの領域において
> 新たな規範が成立するプロセスを、具体例をあげつつ記述し
> てください。その際、少なくとも1つの参考文献を用いるこ
> と。

> この授業を受ける中で、これまでの経験（学校での経験、友
> 達との経験、テレビマンガなどの視聴経験など）に対する解
> 釈が変わることがあるはずです。自分の中で経験の解釈が変
> わったことを1つ取り上げて次の4点について論じなさい。
> （ア）その経験の概要、
> （イ）それまでどのようにその経験を解釈していたのか、
> （ウ）それが教育社会学の知識を経由することでどのように変
> 　　　化したのか、
> （エ）以上を踏まえて、教師になる上で教育社会学を学ぶ意
> 　　　義。

これらの論題では、①とは異なり、特に授業内容の説明が直接

第3章　レポート論題の4分類と評価のためのアプローチ　29

求められているわけではない。そうではなく、授業内容を踏まえた上で「適切な事例が挙げられるか」が求められている。授業で直接説明されていないような事例を適切にピックアップできるかどうかで授業の理解度の確認がなされる。

③意見型

　これは授業で取り上げた内容についての意見や主張（場合によっては感想）などを求める論題である。ここには、教員が立てた問いに対する意見を求めることも含まれる。具体的には次のような論題である。

> 現代社会において、ソーシャルメディアが個人のプライバシーに与える影響について、あなたの意見を述べなさい。具体的な事例を挙げて、ソーシャルメディアの利点と問題点を説明し、どのようにプライバシーを守るべきかについてあなたの考えを述べなさい。

この論題では、学生の意見が求められている点でこれまでのタイプとは異なる。その意見のタイプとしては、是非や賛否あるいは問いに対する答えなどが考えられる。単に意見だけを求めるだけでなく、上記の論題のように論じ方をある程度指定することも有効である。

④探究型

　これは、学生自身に問いを立てさせ、それに対する答えを求める論題である。具体的には次のような論題である。

> 授業内容に関連した問いを自分で立て、それについて論じなさい。

この論題では、学生自身に問いを立てさせている点で、意見型とは異なる。また、明示的に問いを求めていない場合でも探究型に分類できる場合もある。たとえば、レポートで考察を求める場合、どの点に着目して考察するかというのは、つまりは問いを立てることを求めることになるため、探究型にあたると言えよう。

　上記の4つに加え、「その根拠や理由を説明せよ」という指示文が考えられるが、この指示文は、（①説明型以外の）他の論題に付け加えて初めて利用可能な指示文であるため、独立した論題としては扱わないこととする。

4　2つの自由度──「主張内容の自由度」と「論証方針の自由度」

　ここまで見てきたとおり、論題は4つのタイプに分類できることがわかった。それらの4つはそれぞれまったく異なることを求めているが、自由度という観点から見ると、さらに整理が可能である。その整理のために、ここで「主張内容の自由度」と「論証方針の自由度」という2つの概念を導入したい。レポートは主張の部分とそれをサポートするための根拠の部分に分けることができる。「主張内容」というと、③意見型のような個人の意見だけに限定されてしまいそうだが、ここではもっ

と幅広く捉え、「根拠によるサポートを受けるもの」という意味で「主張内容」という表現を用いている（本来なら「内容の自由度」とするのが適切かもしれないが、そうすると何を指しているのかが不明瞭になるため「主張内容」とする）。

　まず、「主張内容の自由度」について見てみる。これは、文字通り、レポートの中の主張内容の自由度のことである。たとえば「Aについて説明しなさい」という論題の場合、説明すべき内容自体の自由度は低い（もちろん表現の仕方の自由度は残されているが、その点はここでは扱わない）。一方、「Aに当てはまる具体例を取り上げて説明しなさい」という応用型の論題では、どのような事例を取り上げて説明するかの自由度は高い。この取り上げる事例を主張内容ととらえれば、説明型と応用型とは、主張内容の自由度が異なることがわかるだろう。また、意見型と探究型を比較すると、問いの設定から学生に求める探究型のほうが主張内容の自由度が高いことは明らかである。

　次に、「論証方針の自由度」について見てみよう。レポートの根拠の部分にどれほどの自由度があるかについても、論題によって異なることがわかる。たとえば、「Aについて説明しなさい」という論題の場合、その説明がなぜAの説明と言えるのか、という根拠についてはそもそも求められていないと言える。また、「Aに当てはまる具体例を取り上げて説明しなさい」という論題の場合、その取り上げた事例がなぜAに当てはまるのかについての根拠の提示は求められているが、その自由度は決して高くない。なぜなら、応用型の論題は、授業で学んだ知識や理論を適切に使いこなせているかどうかを確認するための論題であるが、それゆえ、どの知識や理論を使いこなせているか

を確認するための基礎となる知識や理論が固定された状態で論題が設定されているからである。つまり、取り上げた事例がなぜＡに当てはまる事例と言えるのかという根拠に関しては、その授業で学んだ知識や理論を取り出してきて使えば適切な解答となる。逆に、それ以外の説明では適切な解答とはならないのである。つまり、応用型では、根拠は求められているものの、その自由度は高くないのである。

　では、意見型と探究型に関してはどうだろうか。教員が立てた問いに対する自分の意見をサポートする根拠、自分で立てた問いに対する答えをサポートする根拠、いずれにおいてもその自由度は非常に高い。たとえば、「Ａの是非についてあなたの意見を述べなさい」という論題では、主張内容として、賛成、反対、条件付き賛成のいずれかが考えられ、それぞれに対する根拠も多数挙げられるだろう。もちろん、多くの場合、その根拠は一文で述べられるものではなく、構造化された根拠としての論証[3]を構築することが求められる。意見型の論証方針の自由度が高ければ、問いの設定から求める探究型の自由度はさらに高くなるだろう。

　以上のように、4つに分類された論題を「主張内容の自由度」と「論証方針の自由度」という2つの観点で整理すると、図2のように図示することが可能となる。

5　評価対象の分類――既知かどうか

　上記の4分類は、「論題の分類」であると説明してきた。しかし、具体的な論題を検討すると、この分類がうまく機能しな

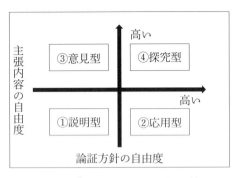

図2 レポート課題の4分類の整理

い場合がある。その点を検討するために、次の論題を見てみよう。

> 地方におけるコンビニ経営の問題点とその解決案について論じなさい。

この論題が説明を求めているのか、応用を求めているのか、意見を求めているのか、探究を求めているのかは、この論題だけからは判別がつかないのではないだろうか。

　たとえば、授業の中で、地方におけるコンビニ経営の問題点とその解決案についての説明がなされており、その説明を自分なりにまとめられているかどうかを問うているならば、これは①説明型と言えるだろう（その場合であれば、論題では「論じなさい」ではなく「説明しなさい」が適切であろう）。また、授業では都市部でのコンビニ経営の説明がなされ、それを地方のコンビニに応用した場合、適切に分析できるかを問うているのであれば②応用型である。「地方におけるコンビニ経営の問題点とその解決案とは何か」という授業内で説明されていない

問いを教員が設定し、それに対する答えを求めているのであれば③意見型である。

　このように、先に述べた論題の4分類は、一見すると指示文の分類に見えるが、評価対象の分類として捉えることで、この分類の特性をより正確に理解することができる。何を評価しようとするかを検討する際には、授業でどこまで説明したかを検討することが不可欠である。逆に言えば、指示文だけでは、「授業で○○まで説明した上で、△△を評価したい」という意図まではわからない。授業で教えたことと、評価したいことをセットで考えることで、何をどのように評価するかが明確になる。よって、先の4分類は評価対象の4分類として以下のように整理できる。

---

①説明型：与えられた事柄について説明ができるかどうかを評価する

②応用型：授業で学んだことを踏まえて応用や活用ができるかどうかを評価する

③意見型：与えられた事柄や問いについての意見や主張を適切に述べられるかどうかを評価する

④探究型：自分で問いを立てそれに対する答えを論じることができるかどうかを評価する

　まず、①説明型であるが、これは文字通り、ある事柄についての説明が評価対象となる。この論題は、教えられたり、調べたりした「既知の内容」についての説明を求めているという点が特徴的である。

　それと対照的なのが③意見型で、これは学生の意見が評価対

象となる。レポート課題においては「個人の意見は不要」とする見解もあるが、一方で、そうした意見が求められるケースもある。与えられた事柄に対してどのように考えたのかというのは学生の意見であって事柄の説明ではない。このように、ある事柄の説明が評価対象なのか、意見が評価対象なのかで大きく分類することができる。

②応用型では、授業で学んだことを踏まえて、応用や活用ができているかどうかが評価対象となる。たとえば、リバタリアニズムについて授業で説明がなされた後、「リバタリアニズムによってその是非が検討できる具体的な事例を、授業で説明したもの以外から取り上げて説明してください」という論題が出されたとする。この場合、授業を踏まえて、リバタリアニズムによってその是非が理解しやすい事例を選び出す応用力や活用力が評価のポイントとなる。たとえば、「政府によるリボ払いの禁止」や「バイクの運転者に対するヘルメットの着用義務」などが具体的な事例として挙げられるだろう。学生が取り上げる事例自体は授業で扱っていない「既知ではないもの」という点が特徴である。

④探究型は学生自身が問いを立て、それについての答えを論じることができるかどうかが評価対象となる。アカデミックライティングにおいて前提とされているのはこのタイプであり卒業論文もこれに該当する。

6　論題の分類を理解することのメリット

こうした論題の分類を整理して理解することで、実際に論題

を設計する際にも役に立つだろう。以下は、私が講義科目の授業後に書かせているミニレポートの論題である。

①今日の授業で学んだこと（授業のポイントをまとめるように心がけてください）
②授業を聞いて考えたこと（自分の意見や考え、わからなかったことなどを理由とともに説明しましょう）

①は説明型で、②は意見型である。この２つで求めていることが異なっていることを授業内でも説明している。授業の序盤では、①の中に②に書くべきこと（自分の意見や考え）を書く学生が出てくるが、数回指導するとそうした学生はいなくなり、適切に書けるようになる。この２つを区別して書かせるだけで、授業内容の理解度も把握しやすくなる。また、結果的にこの２つを区別することで「事実と意見」との違いを学生が意識できるようにもなる。

2022年以降のニュースの中で、自分自身で倫理的な問題となる事例を見つけ出し、授業で学んだ立場や考えをもとにその問題を分析してください。その際、以下の項目に沿って説明すること。
(1) 実際のニュースの中から現代の倫理的問題を取り上げ、
(2) その問題についてどのような立場や意見があるかを説明し、
(3) それぞれの立場や考えが倫理学上のどの立場からのものであるかを説明した上で、
(4) その問題について自分はどう考えるか、について説明

第3章　レポート論題の4分類と評価のためのアプローチ　37

> してください。

　これは私の「現代倫理」という授業での論題である。(1)
～（4）はそれぞれ、(1) ＝応用型、(2) ＝説明型、(3) ＝応
用型、(4) ＝意見型、に分類できる。現代倫理について学ん
だ上で、実際のニュースの中から現代倫理に関する事例をピッ
クアップできるかどうかをまず（1）で問うている。この部分
が学生のオリジナリティの発揮が求められる部分である。取り
上げた事例という入り口が異なるため、その後のレポートもそ
れぞれの学生でオリジナルなものとなる。それから実際の意見
を整理し、それが倫理学上のどの立場かを説明した上で、最後
にようやく意見を求めている。このように意見を求める手前の
部分の「ステップ」を設定することで、単なる感想になりにく
くしている。説明型は単独ではオリジナリティが求めにくい論
題であるが、他の論題と組み合わせることで効果を発揮すると
言える。

　この論題は、（1）の部分で主張内容の自由度の高い応用型
を取り入れている。レポートの導入部分で、応用型を取り入れ
ることで、学生同士のレポートの内容が重複しにくいというメ
リットがある。本章の応用型の説明のセクションで紹介した二
つの論題も、導入部分で応用型を取り入れており、レポートの
オリジナリティを高める工夫がなされている。

注

1　本章における論題の分類については成瀬（2022）が初出である。しかし、5節の議論は本書で改めて書き加えた。成瀬（2022）で示した論題の分類が、実際のところは評価の分類ではないかという点に関しては、二宮祐のブログ記事（群馬大学 二宮祐研究室「さまざまなタイプのレポート課題」https://sakuranomori.hatenablog.com/entry/2022/07/28/124621（最終閲覧日：2024年6月30日））に負うところが大きい。

2　この論題は京都大学の伊勢田哲治さんからご提供いただいたものである。

3　論証と根拠との区別については第2章を参照。

コラム①：論題の4分類にもとづいた調査

　本章で紹介した論題の4分類にもとづいた大規模な調査が行なわれた。岩田らは大学教員を対象としたレポート課題に関する質問紙調査を実施し、得られた632件の回答を分析した。その結果についてここで簡単に紹介しよう（詳細については、岩田貴帆・野瀬由季子・時任隼平（印刷中）「大学の授業におけるレポート課題に関する実態調査」『関西学院大学高等教育研究』第15号を参照）。

　まず、本調査で回答されたレポート課題がどのような分野の

表１　当該レポート課題が課された科目の分野およびその大分類

分野	該当数	割合	大分類	該当数	割合
人文科学	102	16.1 %	人文・社会科学系	317	50.2 %
社会科学	170	26.9 %			
教育	45	7.1 %			
理学	32	5.1 %	自然科学・医療系	245	38.8 %
工学	63	10.0 %			
農学	28	4.4 %			
保健	122	19.3 %			
家政	12	1.9 %	その他	63	10.0 %
芸術	10	1.6 %			
商船	1	0.2 %			
その他	40	6.3 %			
無回答	7	1.1 %	無回答	7	1.1 %
合計	632	100 %	合計	632	100 %

科目で課されていたかについて見てみよう（表1）。分野の偏りなく幅広く調査が行なわれていることがわかる。

そこで課された論題に関して、岩田らは複数名で4分類への振り分けを行なった。その結果が表2である。

全体としては応用型が最も多く、授業の理解度を確認するための論題が実際に多くの教員に選ばれていることがわかる。また、分野ごとの違いをカイ二乗検定と残差分析で調べたところ、自然科学・医療系では、有意に応用型が多く、人文・社会科学系では、有意に探究型が多かったようである（ともに0.1％水準）。

また、その調査では、論題と剽窃との関係についても分析がなされている。その結果が表3である（この表では、論題タイプごとに剽窃の出所を示している。剽窃の出所については複数回答が可能なため、各項目の割合の合計が100％を超えることがある。「総数」は、それぞれの論題タイプの合計数を示している）。剽窃などの問題に関して「特になかった」という回

表2 課題指示文の分類と分野（大分類）の関係

分類	人文・社会科学系	自然科学・医療系
①説明型	36（11.4％）	32（13.1％）
②応用型	81（25.6％）	103（42.0％）
③意見型	41（12.9％）	28（11.4％）
④探究型	64（20.2％）	15（6.1％）
複合型	65（20.5％）	39（15.9％）
分類不能	30（9.5％）	28（11.4％）
合計	317（100％）	245（100％）

答は55.9％であった。つまり、残りの約半数ではそうした問題が生じているということになる。もっとも剽窃の生じる頻度が少なかったのは意見型であり、インターネットからの剽窃がもっとも多かったのは探究型であった。探究型で剽窃が生じやすいというのは、探究型がもっとも自由度が高いことの裏返しであるとも言えるだろう。

　ライティング科目との接続に関しては、自大学のライティング科目について把握していないケースが40％近くあったことがわかった。ここからも体系的なライティング教育の必要性があることがわかる。

表3　剽窃と課題指示文の型のクロス集計

課題指示文の分類	インターネットから剽窃	他の受講生から剽窃	生成AIから剽窃	その他	特になし	総数
①説明型	24 (33.8％)	13 (18.3％)	7 (9.9％)	1 (1.4％)	36 (50.7％)	71
②応用型	55 (26.8％)	42 (20.5％)	11 (5.4％)	9 (4.4％)	106 (51.7％)	205
③意見型	16 (19.5％)	6 (7.3％)	7 (8.5％)	0 (0％)	61 (74.4％)	82
④探究型	38 (44.2％)	9 (10.5％)	14 (16.3％)	1 (1.2％)	41 (47.7％)	86
複合型	31 (26.5％)	15 (12.8％)	7 (6.0％)	4 (3.4％)	66 (56.4％)	117
分類不能	17 (23.9％)	11 (15.5％)	5 (7.0％)	3 (4.2％)	43 (60.6％)	71
合計	181 (28.6％)	96 (15.2％)	51 (8.1％)	18 (2.8％)	353 (55.9％)	632

こうした調査は、論題の分類が前提となっている。実質的に機能する分類を手にしていなければ、多種多様な論題を前にして途方に暮れるしかないからである。とはいえ、本書で提案した分類だけで十分というわけではない。レポート課題研究を前進させるためにも、論題の分類にバリエーションがあることが望ましい。今後、こうした調査に加え、その基礎部分の研究も盛んになることを期待したい。

第3章　レポート論題の4分類と評価のためのアプローチ　43

コラム②：プロンプトとしての論題

　本章の中で紹介した以下の論題は私の以前からの研究仲間によるものである。この論題についてのねらいを聞く中で「応用型論題」というものがあるということを見出せた。

> この授業では、規範の成立についての慣習主義的理論を検討してきました。その具体例として、授業中には「マヨネーズにカツオの刺身をつけて食べるのは望ましい」、そして「デニムジャケットをレイヤードするのはかっこいい」という規範の成立を挙げました。これらの具体例とデヴィッド・ヒュームの哲学を手がかりに、何らかのアートの領域において新たな規範が成立するプロセスを、具体例をあげつつ記述してください。その際、少なくとも１つの参考文献を用いること。

　この論題を出されているＮさんとのやりとりの中で発見したことはもう１つある。そのときのやりとりの一部を抜粋して紹介しよう。

> 成瀬：ちなみに、その基本的なレポート課題のスタイルというのはもう明確だと思うんですけど、毎年、変えていく中で、そのレポート課題ごとに、なんかこう、うまくいった、いかないとかっていう違いってあったりします？
>
> Ｎさん：やっぱり、これも毎年のブラッシュアップでこうなってきているところがあるんですよね。最初はもっ

と抽象的に書いていましたよ、私のレポート課題は。

成瀬：例えばどんな感じの？

Nさん：だから、本当に、さっきの例でいったら、ヒューム
　　　　の哲学を手掛かりに新たな規範が成立するプロセスを
　　　　書けとしか書かないわけです。最初に、このマヨネー
　　　　ズの例を書くとか、あとは参考文献を用いろとか、そ
　　　　ういう指令というのを付けたほうがよくなるというふ
　　　　うにだんだんわかってきたので、それを付け加えてい
　　　　く。

成瀬：それはもう、まさに試行錯誤の中でということ？

Nさん：そうです、そうです。

成瀬：ええと、ちょっと待って、そこ、すごい面白いなと思
　　　　ったんだけど、つまり、最初のころは抽象的だったと
　　　　言ったけど、でも、そのときでも、やっぱりなんかこ
　　　　う、新たな何かを自分で考えさせて、つまり、授業内
　　　　容を応用するような課題であったのは変わらないわけ
　　　　よね。

Nさん：そこは同じなんですよね。

成瀬：なるほど。

Nさん：レポート課題の中にその指示を書いとくわけです
　　　　ね。授業中にはこんなことを書きました。授業中には
　　　　こんなことをしたよねというのをレポート課題の中に
　　　　入れておくと、よりスムーズになったということ。

成瀬：いや、これ、いろいろな課題を見た中で、ちょっと初
　　　　めてなんですよね。授業でこういうことをしたという

第3章　レポート論題の4分類と評価のためのアプローチ　45

説明を入れるの。でも、確かにそれを書かれること
　　で、なんかあらためて整理ができるということなのか
　　な。

Nさん：まあ、そうですね。ベースとしての説明のモデルを
　　特定しているということですよね。このレポートで
　　は、今から皆さんに説明してもらうわけですけれど
　　も、その説明にあたって参考にしてほしい事例という
　　のは、授業ではこれですということをここに書いてい
　　るわけです。

成瀬：ああ、なるほど。これはだから、あれや。ちょっとし
　　た見本レポートの軽い版なんよね。

Nさん：そういうことですね。

成瀬：だよね。ああ、見本レポートは、だから、つくりはし
　　ないよね。

Nさん：はい。けども、授業中が、まあ、そういう仕組みに
　　なっているということですよね。

成瀬：ということやね。

Nさん：はい。

　このやりとりを読んで、「これって生成AIのプロンプトの
話？？」と思われた方もいるかもしれない。プロンプトでは、
状況設定やねらい、文体などを具体的に指示することが非常に
重要であることは、現在では広く認識されている。しかし、こ
のやりとりは2022年の2月のものである。ChatGPTが登場
したのはその年の11月なのだ。

　生成AIの登場でプロンプトの重要性が注目されているが、

実はレポートの論題も「プロンプト」としての役割を果たしている。生成AIがプロンプトに従って最適な応答を生み出すように、学生も論題という「プロンプト」に導かれてレポートを書く。そのため、プロンプトを工夫するのと同様に、論題の表現にも細心の注意を払う必要がある。論題とは、まさに学生に対するプロンプトなのだ。

第4章

具体的な論題の設計と制約条件

　前章では、ねらいから一歩進み、論題と評価の種類について検討した。それらが設定されれば、レポート課題の設計としてはほぼ十分であるが、本章では、最終的な論題を設計する際のポイントとなる制約条件について検討する[1]。

I　学生の貢献を明確にする制約条件

　論題を設計する際には、学生がすでに様々な「素材」を手にしていることを考慮する必要がある。ここで言う「素材」とは、授業で使用した資料やインターネットの情報などのことである。これらの素材をそのまま使えるような論題では、コピペレポートを誘発するだけでなく、学生自身も何が求められているかを理解しにくいだろう。

　このような状況を防ぐためには、論題に具体的な制約条件を設けることが有効である。たとえば、「○○について説明せよ」というストレートな論題では、学生は素材をそのまま流用できてしまうが、「自分の言葉で説明せよ」「要点を絞って説明せよ」「具体例を挙げながら説明せよ」といった制約条件を加え

49

ることで、学生がどのように取り組むべきかが明確になる。

　以下で、学生の貢献をより具体的に引き出すために、どのような制約条件が有効かについて、さらに詳しく検討していこう。

2　3つの貢献のレベル

　制約条件を検討する際には、学生が取り組むべきレポートの要素を明確にし、それを分類して考えることが重要である。そこで、以下ではレポート課題を「出力レベル」「主張内容レベル」「取り組む問題レベル」の3つのレベルに分けて検討することとする（「レベル」というより「場面」の方が適切かもしれないが、ここでは便宜的に「レベル」という表現を用いる）。

2.1　出力レベルでの貢献

　レポートの出力形式を指定することで、その出力形式に沿うための貢献が求められる。たとえば、手書きレポートを求める場合、その貢献の是非はともかくとして、出力時の貢献を求めていることが明確になる。

出力レベルでの貢献を求める論題例

・自分の言葉で説明してください。

・重要な点を3点あげて説明してください。

・次のキーワードのなかから3つ選んで説明してください。

・AさんとBさんとの対話形式で説明してください。

　たとえば、対話形式でレポートを求めると、その説明すべき内容に関しての素材を手にしているとしても、それを対話形式

に変換する必要があるため、そこで頭を使って検討することになる。「重要な点を3点あげる」というのも、どの点をピックアップするかについて検討する必要があるため、貢献の仕方が明確な論題例と言えるだろう。

2.2 主張内容レベルでの貢献

主張内容レベルでの貢献の例として、こちらが指定した素材の追加を求める論題が考えられる。「参考文献を調べて論じなさい」という論題はこれにあたるが、参考文献を調べるという貢献が明確であるため、学生にとってもまず何をすべきかが理解しやすい。

しかしながら、参考文献を追加することを求めるだけでは、その素材は容易に入手できてしまうかもしれない。一方、特殊な素材を指定すれば、その素材を見つけること自体が困難になる。たとえば、「授業を受けた上で、Aに関するあなたの理解の変化について授業を受ける前と受けた後でどのように変化したのかを説明してください」という論題であれば、「理解の変化」の説明が求められているが、それに該当する素材はインターネットでは見つからない。よって学生は自分で考えて答えるしかないだろう。

主張内容レベルでの貢献を求める論題例
・具体例提示型：Aについて具体例をあげて説明してください。
・before-after型：Aについて、授業を受けたことで、あなたの理解がどのように変化したのかも説

明しながら論じてください（受講前の理
解は架空の設定でもよい）。

・学習プロセス型：Aの問題点について、文献を調べて論じ
　　　　　　　　なさい。その際、どのような文献を調べ
　　　　　　　　たのかについて、出典を明記し、どの資
　　　　　　　　料が重要でどの資料が重要でなかったの
　　　　　　　　かについても説明しなさい。

・コメント要求型：Aについて論ぜよ。その際、2人以上に
　　　　　　　　読んでもらい、そのコメントを記載し、
　　　　　　　　そのコメントに対する返答も書きなさ
　　　　　　　　い。

・インタビュー型：身のまわりの人にAについてインタビュー
　　　　　　　　を行ない、その内容をまとめた上で、A
　　　　　　　　についてのあなたの意見を述べなさい。

　学習プロセス型は、調べたことを議論のテーブルに載せて、
評価をする必要があるため、コピペレポートにはなりにくい。
調べた文献の中でどれが重要であるかについて評価するという
プロセス自体は、一般的な学術論文とも近いものであると言え
るだろう。

　コメント要求型やインタビュー型は、ねつ造の可能性はある
ものの、容易に入手ができない情報を求める形式である。具体
的なアクションが明確であり、かつ、そこで得られた独自の
「素材」をベースに論じることができれば、学生にとっても貢
献の仕方が明確になると言えるだろう。

　出力形式の指定と素材の追加との区別は実際にはつけにくい。

たとえば、「Aについて具体例をあげて説明しなさい」という「具体例提示型」は、具体例という出力形式を指定しているとも言えるし、具体例という素材の追加を求めているとも言える。出力形式の指定で求められているのは、あくまで出力する際に工夫してほしいという点であり、素材の追加では、がんばって素材を見つけてほしいという区別である。具体例は見つける際に苦労するため本来は素材の追加に分類すべきかもしれないが、学生側からすると出力形式に見えるかもしれない。このあたりは教員の論題設計に寄与するのであれば厳密に区別する必要はないだろう。

2.3 取り組む問題レベルでの貢献——指定した素材への対応

たとえば、「功利主義とはどのような立場か説明しなさい」という論題の場合、「功利主義」をインターネットで検索して、そこで説明されていることを書けば対応できる。これは、「功利主義（の説明）」という「素材」が一般的なものであるためである。そこで、こちらが指定した特殊な素材に対してどのように説明できるかを問うことで、この問題を回避できる。たとえば、次のような課題文に対する説明を求めるような論題である。

例：次の課題文を読み、ヒカルさんの立場が、倫理学上のどの立場からのものかについて説明しなさい。その際、なぜその立場からの説明になっていると言えるのかの理由についても論じること。
【課題文】ヒカルさんはアオイさんに「1人が犠牲になって5

> 人が助かるならその1人が犠牲になるべきだよ」
> と言いました。アオイさんは「その考えはその犠
> 牲になる1人の命の尊厳を軽んじていると思うけ
> どなあ」（以下省略）

　この課題文は当然教員が作成する必要がある。このように教員が作成した特殊な「素材」はインターネットで検索することができないため、学生が自分で考えて対応するしかない。こちらが指定した素材に対して対応ができるかどうかを見ることで、学生の知識やスキルを評価することができるのである。そうした素材の例として以下のものが考えられる。

・課 題 文 型：教員が作成した課題文に対する説明や意見
　　　　　　　　などを求める。
・課 題 図 書 型：教員が指定した課題図書に対する説明や意
　　　　　　　　見などを求める。
・課 題 映 画 型：教員が指定した課題映画に対する説明や意
　　　　　　　　見などを求める。
・データ指定型：教員が指定したデータ（社会生活基本調査
　　　　　　　　など）を用いて説明や意見などを求める。

3　ライティングをドライブ[2]させる

　ここまでは制約条件を工夫することで、学生に求められる貢献を明確にする方法について検討してきた。これにより、学生

が手元にある「素材」をそのままコピペするだけでは完成しないレポート課題となったはずである。レポート論題の設計としてはこれまでの要点を押さえていれば十分だろう（どんな場合でも必ずうまくいくというわけではもちろんないが、検討すべきことは検討した、という意味で）。学生の貢献の仕方を明確にすることで、レポートのクオリティは高くなると期待される。一方で、これまでの論題設計は、学生が「指示に従って書く」ことを前提としていたということは否めない。

　たとえば、学生が自分の好きなYouTuberについて、相手にもそのチャンネルを見てもらうために、その動画のどこがどのように好きかを説明する場面を考えてみよう。そのとき、学生は話題になった動画の魅力を説明したり、人気の理由を掘り下げたりしながら熱心に説明するだろう。おそらく、論証という観点から見ても説得力のあるものになるだろう。ここでのポイントは、学生自身に「言いたいこと」があれば、自然と熱心に、かつ説得力のある形で説明ができるということである。この場合、「言いたいこと」が学生の説明を「ドライブ」していると言えるだろう。

　では、レポート課題の場合はどうだろうか。論題によっては、学生が自ら「言いたいこと」を見つけ、それがライティングをドライブするような場合もあるだろう（あるいは、常にそうしたレポートばかりである、という方もいるかもしれない）。一方で、言われたことに従って書いているだけで、学生自身が特に言いたいことがあるわけではなく、ただ書かされているようなレポートもあるだろう。レポート課題において自分自身の「言いたいこと」を学生が見つけることは困難かもしれない

（よって、「指示に従う」で十分かもしれない）。もちろん、学生が書きたいことだけを書くというのがすべてではないかもしれないが、以下ではライティングをドライブするような工夫について検討してみよう。

3.1　問いはライティングをドライブするか？

　多くのライティング指南書では、「問いの設定」が重視されている。論文における問いやリサーチクエスチョンの重要性は言うまでもないが、その問いがライティングをドライブするかどうかは検討の余地がある。

　仮説検証を目指さない人文系の論文では、問い自体が研究成果とも言える[3]。論文で明らかにした内容が、どの問いに対する答えなのかを示すことで、問いは研究の最後に設定することも可能だ。もちろん、最初から問いに引き寄せられて研究を進める場合もある。その場合、問いが研究全体をドライブしている。しかし、後から設定された問いが研究そのものをドライブしたわけではない。問いは論文の出力形式において最初に示されるだけで、必ずしも研究全体を動かしているわけではない。実際に多くの研究をドライブしているのは、執筆者が抱く違和感や意外な発見などであろう（それらを問いの形に言い換えることも可能である）。

　ライティングをドライブする問いを学生が自分で見つけるのは難しいが、教員が学生の興味を引きつける問いを設定することはできる。授業で直接扱ってはいないものの、授業で学んだ知識を活用すれば何とかその答えを導き出せそうな問いを設定することで、学生のライティングをドライブさせることができ

るだろう。

3.2 ライティングをドライブさせるものとしてのオリジナリティ

　学生自身が言いたいことを見つけ、それにドライブされるようなレポート課題は、それがすべてではないかもしれないが（書きたいことはなくても、それでもそれなりにまとめあげることも到達目標として十分考えられるため）、検討に値するものである。以下では何がライティングをドライブするかについて検討する。

　さきほど挙げた事例では、ライティングをドライブするのは「言いたいこと」であると述べた。では、どのようにして「言いたいこと」が生まれるのだろうか。その点を考える際に重要になるのがオリジナリティである。さきほどのYouTubeの事例であれば、「みんなはたぶんこのYouTuberのことを知らないだろうけど、とても面白いんだよ！」ということが「言いたいこと」の基盤であった。それは、（この場にいる人の中では）自分だけが知っている「オリジナリティ」であると言える。一方、もしそのYouTuberが有名であれば、いくら面白いと思っていても、わざわざその面白さを伝えようとは思わないだろう。しかし、そのYouTuberが話題に上がり、みんなが否定的な見解ばかりだった場合には、「いや実はそのYouTuberは○○という点が面白いんだよ」と伝えたくなるかもしれない。この場合、そのYouTuberに対する評価の観点がオリジナリティとして機能していることになる。「他の人が知らないだろう自分だけが発見したオリジナリティ」こそが言いたいことの核心なの

第4章　具体的な論題の設計と制約条件　57

ではないだろうか（「ビブリオバトル」で学生のプレゼンがドライブされているように見える理由も同様ではないだろうか）。

3.3 オリジナリティを生み出すための工夫

『いざなう』の中で次のようなコラムを書いた。少し長いがそのまま引用しよう。

> 何かの原稿の依頼が来たときに「なんでも自由に書いてください」と言われると多くの方が困るのではないでしょうか。少なくともその原稿が何に掲載され、誰を対象とするのか、また、何を目的に書くのかが指定されていないとどう書けばよいか悩んでしまうでしょう。
>
> レポート課題でも同様です。「自由に書いてください」という論題でうまく書ける学生は、教員が求めているメタな文脈を読み取ってそれに合わせて書いているのです。こうしたことを読み取る能力が重要かどうかについては議論の余地があるでしょう。
>
> レポート論題で理想的なものは「頭を使わないと書けないような論題」ではなく、「頭を使ってでも書きたくなるような論題」です。そこで重要なポイントが「シバリ」です。
>
> ある先生から聞いた話ですが、調理実習の授業で、「今日は何でもいいので自分の好きな料理を作ってください」と言ってもあまり盛り上がらなかったのが「今日はみんなが用意してきた空のお弁当箱に詰める料理を作ってください」と指示したところ学生たちは非常に熱心に料理を考え、授業は大盛り上がりだったようです。この2つの指示の内容はほとん

58

ど変わりません。むしろ、後者のほうが制約があるため、難易度が高いはずです。しかしながら、「空のお弁当箱に料理を詰める」という「シバリ」が学生たちの想像力をかき立て、モチベーションの向上につながったのでしょう。

このように、私たちはなんらかの「シバリ」があるとそれを乗り越えようと創意工夫を発揮します。しかし、どんなシバリでも有効かというとそういうわけでもありません。先ほどの調理実習の例で言うと「みなさんに配った紙皿に盛りつける料理を考えてください」と言われても効果的なシバリにはならないでしょう。「お弁当箱」と「紙皿」では私たちに与える「わくわく感」が大きく異なります。

どのような論題がそうした「わくわく感」を与えるのかは検討の余地がありますが、論題を設定する際の1つの観点として頭に入れておいてもよいかもしれません。　（pp. 66–68）

ここで挙げたお弁当箱の事例は、学生の創作意欲を引き出す効果的なシバリとして機能したことがわかる。では、こうしたシバリと単なる（想像力をかき立てない）制約との違いは何だろうか。

「言いたいこと」の本質はオリジナリティにあるという点は先に述べた。お弁当箱の事例でも、シバリがオリジナリティを引き出す役割を果たし、他者との差別化につながったと考えられる。また、オリジナリティは単に他者と異なるだけでなく、学生自身がそこに価値を見いだすからこそ、原動力となる。紙皿ではどんなに工夫しても「うまくできた絵」を想像できないため、シバリとして機能しない。オリジナリティを価値あるも

のとして認識するためには、「良し悪しの基準」を内在化することが重要だ。シバリを通じて良し悪しを自分で判断できるからこそ、よりよいものを目指して創意工夫が促されるのだ。

　シバリが効果的かどうかは、その制約条件自体よりも、学生がそれをどのように受け止めるかにかかっている。お弁当箱の事例でも、シバリと感じない学生がいたかもしれない。一方で、問いの設定を学生自身に任せることで、良し悪しの基準が内在化され、ライティングをドライブすることが期待できる場合もあるだろう。こうしたことから、自由すぎる状況の問題点は、良し悪しの基準が曖昧になることである。シバリが機能しているとき、それは良し悪しの基準として書き手に内在化され、オリジナリティを見つけるきっかけとなっているのだ。

4　レポート執筆をドライブさせるための具体的な工夫

　ここでは、レポート執筆をドライブさせるための工夫を、出力レベル、主張内容レベル、取り組む問題レベルの3つのレベルごとに検討する。

4.1　出力レベルでの工夫

　出力レベルでの工夫としては、特殊な「シバリ」をかけることで、オリジナリティを生み出しやすくする工夫が考えられる。具体的には次のような論題である。

> キャッチフレーズ型：本日の授業を的確に表すキャッチフ
> 　　　　　　　　　レーズを考え、なぜそのキャッチフ

> レーズにしたのかについて、理由とと
> もに説明してください。

　これは実際に私が出題したことのある論題である。キャリア
関連の授業でゲスト講師を招いた時の授業後に求めたコメント
シートでの論題である。実際に提出されたレポートでは、100
人程度の学生のほとんどが、別々のキャッチフレーズを考案し、
なぜそのキャッチフレーズにしたのかについて、熱心に説明し
ていた。まさにライティングがドライブされていた事例であっ
た。学生は、自分の考案したキャッチフレーズがいかに魅力的
であるかについて、授業内容を引きながら説明していたため、
授業の理解度も十分に把握できた。学生が熱心に書いた理由は、
自分の考案したキャッチフレーズに愛着を持ち、そのオリジナ
リティを評価してもらいたいという気持ちからであろう。出力
レベルでの差異化を求めることは、ドライブさせるための有力
な選択肢の1つであると言える。
　ここで、なぜキャッチフレーズがライティングをドライブさ
せるのかについて、もう少し詳しく考えてみよう。そもそも、
何かを言いたいと強く感じるのはどのようなときだろうか。そ
れは、「こんなことを思いつくのは自分だけに違いない」と感
じたときではないだろうか（日常生活においては「まだ多くの
人が知らない情報を入手した」といった場合もあるだろう）。
　たとえば、さきほどのキャッチフレーズを考えるケースでは、
授業のテーマが「将来のキャリア」だった場合、「キャリア」
や「未来のキャリア」といったキャッチフレーズを思いついて
も、それを伝えたくなることはないだろう。それは、素材その

第4章　具体的な論題の設計と制約条件　61

ものとキャッチフレーズとの距離が近すぎて、誰でも思いつきそうに感じられるからである。

　一方、「3つのハート」といったキャッチフレーズを思いついたなら、それを人に伝えたくなるのではないだろうか。それは、素材とキャッチフレーズとの距離が遠いからである。つまり、キャッチフレーズと授業内容との間に一見しただけではわからないような関係があり、それを説明することで「ここまで遠くにこれた」という達成感を伝えたくなるのである。この距離を埋められたことがオリジナリティである。このように、素材との距離が遠いキャッチフレーズは、その距離を埋めるために創意工夫が必要となる。このような距離を生み出すためにも、シバリは有効である。制限をかけることで、学生はある程度の方向性を持って考えながらも自由に発想することができるのである。最も遠くまで到達したキャッチフレーズがライティングをドライブし、その結果、自分の考えをさらに強く伝えたくなるのではないだろうか。

4.2　主張内容レベルでの工夫

　教員が設定した問いに対して、主張内容レベルで学生が「言いたいこと」を見いだすことができれば望ましいが、実際にはそれが困難なケースが多いだろう（もちろん問いにも依存するが）。そうした場合でも、「指定した素材の追加」という観点から考えると、ドライブさせるための工夫を見いだせる。たとえば、次のような論題である。

インタビュー型：家族やアルバイト先の方などに○○につい

> てのインタビューを行ない、その内容をま
> とめた上で、○○についてのあなたの意見
> を述べなさい。

このように、「インタビュー」という素材の追加を求めることで、学生がインタビュー対象者やその内容にオリジナリティと価値を見いだすことができれば、それがライティングをドライブさせることに繋がる。また、学生自身の体験や経験といった素材を追加させることも、主張内容レベルでの工夫に入れることができるだろう。学生自身に愛着のある素材の追加を求めるという点がポイントであると言える。

では、どのような素材に対して学生は愛着を持つのか。普通では予測できないような経験や体験について語りたくなるのではないか。また、普通ではなかなか出会えないような人（学生自身もその出会いに偶然性を見いだしているようなケース）の話などには愛着を持つと考えられる。ここでも、予測できることからの距離の遠さがドライブの原動力に繋がっていると考えられる。

4.3　取り組む問題レベルでの工夫

取り組む問題レベルの具体例として挙げたいのが「謎解き」である。謎解きイベントなども近年では数多く見られるが、そうした謎解きには、多くの人が熱心に取り組んでいる（つまりドライブされている）。記号や数字が並んだ「謎」から答えを導き出すことは確かにわくわくするものである。一方で、誰も解けないような本当の謎（たとえば数学上の未解決問題など）

については、多くの人は取り組む気にならない。両者の違いは、自身のもっている知識とその謎との距離にあり、「わかりそうでわからない」絶妙な距離感の「謎」に対して好奇心が刺激されることが多いからではないだろうか。つまり、自身の知識と謎との間にある距離を、自分の力で埋められると感じたとき、人はその謎に引き込まれ、積極的に取り組むようになるのである。

　この点についてレポート論題で考えると次のようになる。授業であるテーマに関する講義が行なわれ、そのテーマに関する、授業でも直接取り上げなかった「問い（あるいは謎）」に答えることを学生に求めるのである。もちろん、その問いは教員が自作しなければならない。遠すぎ（難しすぎ）ず、近すぎ（簡単すぎ）ない問いを設定することは、その専門分野のプロとしての力量が問われるだろう。そうしたうまい問いが見つかったなら、授業で解説したくなるが、授業で説明してしまうと「既知の問題」となってしまい、学生が取り組もうと思う「問い（謎）」にはならなくなってしまう。したがって、授業で説明する際には別の手札を用意しておかなければならない。ここで2つの事例を見てみよう。

> あなたは高校生に「少子高齢化の時代に、どの公共図書館でも子ども向けのサービスが行われているのは何故か？」と聞かれたら、どのように回答しますか。高校生との対話形式で自身の考えをまとめてください。

　これは図書館学に関する授業の論題[4]である。対話形式での出力が求められているが、ここでは設定されている問いに着目

したい。「少子高齢化の時代に、どの公共図書館でも子ども向けのサービスが行われているのは何故か？」という問いは、確かに、なぜだろうと考えたくなる問いではないだろうか。授業を受けた学生から遠すぎず近すぎない絶妙の距離感での問いが設定されている。また、この授業の本質を貫く問いであるとも言えるかもしれない。また、次の論題も興味深い。

> 「現象学は経験という主観的なものを分析するため単に主観的なものであり客観的ではない」という主張はいつくかの誤解と混乱に基づく。それがどういう誤解と混乱に基づくのか、授業内容を踏まえて説明しなさい。

　この論題[5]は、哲学の中の現象学という分野についての授業で出題されたものである。現象学は、われわれの経験そのものを研究対象とし、一人称視点の経験も分析するため、この論題にあるように「単に主観的で客観性を欠くものではないか」という疑問は一見もっともらしく見える。授業を受けた学生でも「あれ、確かにそうだな、なぜだろう」とこの問いに引き込まれるだろう。もちろん、この問い自体を授業の中で説明してしまえば（少なくとも意見型の論題としては）レポートで問うことができなくなってしまう。授業の中で興味深い問いについて説明しつつ、それらとは異なる問いをレポートで出題するためには、教員側に多くの手札が必要となる。こうした興味深い問いの手札を増やすことができるかどうかということは、教育者としてだけでなく、研究者としての力量が問われる部分でもある。

注

1 本章の内容の多くは成瀬（2016）がベースになっているが、本書を執筆するに当たって全体を整理し全面的に書き直した。

2 以下では「ドライブ」という表現を、学生が自らの力でライティングのプロセスを前進させることを意味するものとして用いる。すなわち、学生が意欲や関心を原動力にして、自律的に書き進める状況を表すこととする。

3 この点は酒井泰斗氏から指摘を受けた。

4 この論題は八洲学園大学の野口久美子さんからご提供いただいたものである。

5 この論題は岡山大学の植村玄輝さんからご提供いただいたものである。

第 5 章

学生に「レポートガイドライン」を提示する

　これまでの章を踏まえれば、レポート課題は十分に洗練されているはずである。しかしながら、いくら教員のねらいにもとづいた洗練された論題を出したとしても、その意図やねらいが学生に伝わらなければ元も子もない。レポート課題の主役はあくまで学生であり、学生にしっかりと意図が伝わることこそが大切である。そのため、なぜこのようなレポート課題を出しているのかについて、丁寧に学生に説明する必要がある。学生が家でじっくりと取り組むことをレポート課題の目的としているなら、そうした説明は口頭だけでなく、後で何度も読み返せるように資料を作成して配布するのが望ましい。このレポート課題の意図やねらいについて説明した資料のことを「レポートガイドライン」と名づける。

　この資料は、学生に伝えるという役割だけでなく、作成すること自体が、ねらいや論題の適正性を再検討する機会ともなる。それは、研究者が他分野の研究者にも自身の研究の意義を伝えるために助成金の申請書を作成する際、改めて研究自体の問題点を発見したり、新たなリサーチクエスチョンに気づいたりするのと同様である。

以下では、レポートガイドラインに含める項目案について説明した上で、実際の授業で提示されている具体的なレポートガイドラインを紹介する。

1　レポートガイドラインの項目

1.1　レポート課題を出題するねらい

　第2章で検討したとおり、教員がレポート課題を出すねらいには複数のものが考えられる。授業内容の理解度を確認したいのか、あるいは、理解度の確認は別の機会に行なったので、このレポートでは自分で問いを立て、情報収集をした上でそれについて論じるという発展的なことを求めているのか、まずは、このレポート課題が教員のどのようなねらいにもとづいて出題されているのかを、説明するのがよい。

1.2　論題

　ねらいを説明した後で、そのねらいをどのような論題を通して実現しようとしているのかを説明する必要がある。学生に何が求められているのかが明確に伝わる表現になっているかを改めて検討しよう。

1.3　フォーマットや形式

　文字数や形式面についての説明を行なう。適切なフォーマットや形式を示すことで、学生が迷わずに取り組むことができる。

1.4　論題の具体的な説明と求められる貢献

　論題のどの部分でどのようなことが求められているかを、丁寧に説明する必要がある。論題について具体的に説明することは、学生の具体的な貢献を明確にすることでもある。たとえば、論題で「Aについて説明しなさい」という指示をしている場合、「自分の言葉で説明する必要がある」や「具体例を用いて説明する必要がある」と具体的に説明することができる。こうした説明は論題に含めることも可能だが、すべてを論題に含めると煩雑になり、逆に学生には伝わりにくくなる恐れがある。そのため、論題はある程度シンプルにしておき、別のセクションで具体的な説明をするほうが効果的かもしれない。どのあたりまでが論題の説明として必要なのかは、実践の中で試行錯誤していくほかない。

1.5　宛先の設定

　レポート課題は、基本的に宛先のない文章である。実際のところ、宛先のない文章を書くことは難しい。レポート課題では教員が宛先であるとも考えられるが、答えを知っている相手にあえてその答えを書くという状況は、日常では見られないかなり特殊な状況である。学生がレポート課題に対して苦手意識を持っているとすれば、この「宛先のなさ」がその原因かもしれない。たとえば、「この授業を受けたクラスメートに向けて」や「この授業を受けていない学生に向けて」といった指示があれば、取り組みやすさがぐっと上がるかもしれない。実際のレポートガイドラインでは、この宛先の設定は、「1.4 論題の具体的な説明と求められる貢献」の中に含めてもよいだろう。

1.6　評価

　レポートがどのように評価されるのか、また、どのようなレポートが高く評価されるのかについても説明する必要がある。これは「1.4論題の具体的な説明と求められる貢献」とも関連するが、そこではあくまでレポートの最低限の要件に焦点を当てている。一方、ここでは、その要件を踏まえた上で、どの方向で努力すれば評価が高くなるのかを説明する。たとえば、資料を多く読むことが評価のポイントなのか、自分でオリジナルな主張を提示することが評価されるのか、あるいは反論に対する再反論を提示することが評価されるのかなどである。こうした評価基準は教員のねらいにもとづいて決まるものであるため、授業ごとに異なる可能性が高い。そのため、この授業ではどのような点が評価されるのかを具体的に説明することが重要である。具体的なルーブリックがあればここで紹介する。

1.7　注意事項——つまずきの紹介

　前年度に同じ論題を出題した場合、一定数の学生が十分に対応できていなかった事例があれば、それを紹介することで、そのつまずきを事前に回避できるかもしれない。それ以外にも、必要な注意事項をここで説明する。

2　レポートガイドラインの事例

　実際の授業で用いられているレポートガイドラインを74ページ以降に紹介する。これは大阪大学の長門裕介さんから提供していただいたものである。非常に詳細かつ丁寧な説明がな

されており、教員のねらいや意図を学生が十分に理解できるようになっている。特徴的な点について以下で説明する。以下の「　」はそのレポートガイドラインからの文言である。

①どのようなねらいにもとづいてレポート課題を出題しているかの説明がある

「3　結局のところ『レポート』とは何か」の部分で、なぜレポート課題を出題し、その課題でそもそもどのようなことが求められているのかが明示的に説明されている。実際、こうした説明をいざ書こうとすると、なかなかうまく説明ができないのではないだろうか。本書の第2章で見たとおり、レポート課題を出題する教員のねらいには複数のものがあり、授業内容の理解度を確認することを目的としているのかどうかも教員によって異なる。そのため、この事例のように、どのようなねらいのもとでレポート課題を出題しているのかを明示的に学生に伝えることは、齟齬が生じないようにするためにも重要である。

②論題設定について

論題に関しては、工夫された問いを含む論題が複数設定されている。論題の1〜6は意見型であるが、教員によって設定された興味深い問いによってライティングがドライブされる設計になっている。

③探究型への配慮

探究型の論題（7）も含まれているが、探究型は入り口となる問いが適切に設定できていないとレポート全体のクオリティ

第5章　学生に「レポートガイドライン」を提示する　71

が下がってしまう。そのため、問いの適切性を確認するために事前に相談することを求めているのは、学生にとって助けになるだろう。

④授業の再構成を求めている

「2.1　ルーブリックの使い方＆細かいテクニック」で「まず受講者は課題そのものがなにを問うているかを自分なりに解釈し、文脈を作って（授業内容を）再構成する必要があります」と述べられているように、この課題では授業内容を再構成することが求められていることがわかる。もちろん、それでも論証方針の自由度は相当高いが、与えられた問いに対する答えの正当性を示すための論拠のパーツは授業で示されている。このことがわかれば、学生のレポートへの取り組みやすさは高まるだろう。しかし、そうした問いをうまく設定するには、教員側に相当な力量が求められる。

意見型や探究型は自由度が高くなるため、授業の理解度を確認することは通常であれば困難であるが（もちろん、かならずしもレポート課題で授業の理解度を確認しなければならないわけでもないが）、授業を再構成すれば問いに答えられるような工夫がなされている点も特筆すべき点である。

⑤レポート作成Ｑ＆Ａ（よくある質問）

Ｑ＆Ａの設定も非常に効果的である。教員は毎年レポートを出し、その結果、様々な経験を積むが、学生にとってはその教員のレポート課題に取り組むのはおそらくそれが最初で最後であろう。そのため、毎年同じような疑問が学生から生じる可能

性が高い。そうした疑問を解消するために、論題や注意事項の部分で説明することも可能であるが、Q＆A形式でまとめると、毎年蓄積させることができ、よりわかりやすくなるだろう。

⑥宛先の設定

「2.1　ルーブリックの使い方＆細かいテクニック」で「この授業を受けたことがないひとが読んでもわかるようなレポートにすることが大事です」とあるように、レポートの宛先が明確に設定されている。この宛先を設定しないと、学生はおそらく教員を宛先として書くだろう。しかし、多くの教員は教員を宛先として設定していないのではないだろうか。「この授業を受けた他の学生に向けて」という宛先が設定される場合もある。誰を宛先にするかは、教員のねらいによって決まる。

　また、「この意味で、授業資料そのものを参考文献にすることは避けてください。この授業資料内で私が示して自分で納得したことは、他人の論文・論考に触れている場合を除いて、自分で思いついたことにして構いません」という点については、教員によって授業資料の取り扱い方が異なる場合も多いので、宛先の設定とともに、明示的に説明することが必要となる。

　最後に、実際に学生に示されたレポートガイドラインを以下に示す。掲載にあたって修正を加えているが、それはレポートガイドラインの理解に影響しない部分のみである。このガイドラインは、長門さんが作成した複数のガイドラインを基にしているが、内容そのものは実際に示されたものを基にしている。

第5章　学生に「レポートガイドライン」を提示する　73

1 レポートと評価について

1.1 レポート課題

次の7つの課題からひとつを選びレポートを作成せよ。

1. いわゆる「利己主義」について、それが倫理学にとってなぜ問題になるか（あるいは、ならないか）を論じてください。このとき、利己的行為について自分なりに複数の具体例を用意すること。

2. 「なぜ悪いことをしてはいけないのか」という問いの応答の1つとして社会契約説からの説明がある。この「社会契約説」とは何であるのかを解説した上で、当該の問いについてそれがどの程度説得力があるかをその限界も踏まえて論じてください。

3. いわゆる「自己責任論」はいかなることを主張しているかについて分析し、責任概念についての学説を踏まえたうえでその是非を論じてください。

4. 人生の意味についてのニヒリズム説とそれへの反論となる説をそれぞれ検討し、「我々の人生は「必然的に」虚しいものであるか」を論じてください。この際、「必然的に」という要件がついていることに特に注意すること。

5. 幸福についての快楽説の議論を説明し、その議論が妥当か評価してください。ただし、快楽機械ま

たは偽りの快楽についての批判を必ず含めること。

6. 消極的自由と積極的自由の概念の区別を論じたうえで、倫理学にとって自律の概念がなぜ問題になるかを論じてください。

7. その他、授業で扱った倫理学上の問題について、自主的に問いを設定し、それを論ぜよ。この課題を選ぶ場合、事前に講師に相談すること（この課題を選んだ場合、単位取得のハードルはかなり高くなることを覚悟せよ）。

2 レポートの形式など

・字数：4000字〜4800字程度（本文のみ、註と文献表は字数に含めない）。字数はあくまで目安であり、多少少なかったりオーバーしてもそれだけで評価を下げることはない。横書きで書くこと。

・提出期限：●●必着。

・必ず授業タイトル（倫理学1）、学部学科学年、氏名、課題番号、レポートタイトル（内容を踏まえて自分でつける）、レポートの書き方本は何を参照したか（書名）、を冒頭に表記すること。また、ファイル名は「倫理学レポート（古美門研介）.pdf」のように「倫理学レポート（提出者フルネーム）」という表記にしてください。

・剽窃・コピペや設問に答えていない場合には採点し

ない。また、悪質な場合は不正行為とみなす。また、授業自体の感想のようなこと、不出来の言い訳、「単位ください」のような余事事項はレポートには書かないこと。

・今回はレポートを直接全員に添削し返却する機会はない。しかし、希望者にはレポートについての簡単なコメントを返す。LMS上で追って指示する。

・提出日まではレポートのテーマや書き方、おすすめの参考文献などについて質問を受け付ける。ただし、すぐには答えられない場合もあるので余裕をもって質問すること。レポートの具体的な内容に関する質問・相談はメール（●●●●）までお願いします。

2.1　ルーブリックの使い方＆細かいテクニック

　この授業では事前にルーブリック（評価方針）を公開しています。別にアップロードした資料を参照してください。レポートを書く際にはこのルーブリックを参照しながら自分のレポートの出来栄えを自己採点できますし、採点者も曖昧にフィーリングで評価してしまうことを防ぐことができます（というかフィーリングで評価する方が採点者にとっては大変です）。

　項目は「リサーチクエスチョンの設定」「リサーチクエスチョンと結論の対応」「全体の構成」「論理的思考」「先行研究・参照文献の取り扱い」「日本語能力」に分け、それぞれA〜Dの四段階のグレードを設定しています。評価Aの目安はBが二つ以下、C〜Dなしです。評価Sは評価

Aのなかから加点要素を考慮して決定する、ということにしています。

　読んでもらえればある程度わかると思いますが、特に注意を要する点を以下に書いておきます。

- まず受講者は課題そのものがなにを問うているかを自分なりに解釈し、文脈を作って再構成する必要があります。Q＆Aにおける「Q」の部分を自分で作り、この授業を受けていないひとでもその問いの意義がなにかをわかるように説明しなければなりません。この作業を（全体の構成でいえば）「はじめに」や「序」の部分でやることになります。

- 結論はそのリサーチクエスチョンに正確に対応していなければなりません。「Aとはなにか？」というクエスチョンに対して「Bの意義」がアンサーでは、平仄があっていません。結論では必ず冒頭で自分が設定した問いに答えてください。というか、結論とはこれまでに検討した作業を簡潔にまとめるという作業をするだけでいいです。結論でなにか深い話をしなければ、と新しい論点を出してしまうひとがいますが、それは本来は結論に入る前でやらなければならないことです。

　もちろん「AはBである。しかし、AはBであるだけでなくCでもありうるかという問題は今回は答えることができなかった。これについては今後の課題である」というようなものが結論に入り込んでいることは構いません。

- 文献から文章を直接引用したあとは、かならずそれを自分なりにその内容を敷衍し、どう評価しているかを書いてください。引用しっぱなしはだめです。

- 「その他」の項目として加点要素と減点要素を書いておきました。オリジナリティはあくまでも加点要素であることに注意してください。大学の期末レポートの水準では、オリジナリティは狙って出すものというよりも、リサーチクエスチョンの設定や論文の構造の工夫から結果的に現れるものである、という気がするからです。ただし、自分なりの洞察をレポートで出すことを妨げるものではありません。

- とにかく大事なのは、この授業を受けたことがないひとが読んでもわかるようなレポートにすることが大事です。この意味で、授業資料そのものを参考文献にすることは避けてください。この授業資料内で私が示して自分で納得したことは、他人の論文・論考に触れている場合を除いて、自分で思いついたことにして構いません。

- 内容・形式どちらについてもどうすればいいかわからなくなった場合は気軽に相談してください。

2.2 その他

- もう一度言いますが、レポートの書き方本の購入はお済みでしょうか。戸田山和久『論文の教室』（NHK 出版）をおすすめしますが、他の授業で買っている場合、それを使っても構いません。レポー

トの書き方の本は基本的に大学教員が書いています。つまり、大学教員がレポートを採点するときなにを気にしているかが書かれているわけです。単位を楽してとるには敵（教員）の手の内を知っておくことが一番大事です。単位を楽してとりたいひとほど、この手の本は熟読すべきでしょう。なぜ『論文の教室』なのか。一番簡単に言えば、戸田山さんと私は「良いレポート」についての考え方が一致しているからですが、内容も面白いし、彼は哲学者なので哲学や倫理学のレポートを書くには最適です。すぐにでも読む（そして何回でも読む）ことをお勧めします。

・課題7の自主設定課題は難易度が極めて高いので基本的におすすめしません。どうしてもという場合は事前に相談することを強く勧めます。

3　結局のところ「レポート」とは何か

　授業で提出するレポートというのは「自分の理解を他人に示す」ものです。自分の頭の中では理解できているように思えることでも、他人に説明すると上手くいかないことがある。こういう状態は本当に理解できているとは言えないのではないか、きちんと言語化できてこそ学んだと言えるのではないか、これが私が皆さんにレポートを課しているモチベーションです。

　このようにレポートを捉えてみると、注意しなければい

けない部分が見えてくると思います。自分の意見と他人の意見を区別する。単に区別するのではなく視覚的にわかりやすい区別をする。他人の意見はどこを読めば書いてあるかもわかるようにする（引用・出典の明記）。話のつながりを分かりやすくする（接続詞を使う、段落や説を分ける）。目下の文脈でその用語の意味しているところを明らかにする（単に辞書を引っ張るのではなく、自分の言葉で語りなおす。要約する。具体例を出す）。そしてなにより、他人だけでなく自分自身が納得できるように書く（論理的に書く、きちんと言語化・明晰化する）。こういったことが求められています。

「間違ったことを書いてはいけない、だから用語の定義を辞書に任せてしまおう」というのは実はあまり良くない意識です。辞書の言葉は文脈から切り離された字釈にすぎません。ある特定の文脈で現れる問題をきちんと考え抜いたという証拠を言葉で表して欲しいのです。

こうしたマインドセットでレポートを書けば、ずっと良い評価が得られるでしょう。

4　レポート作成Ｑ＆Ａ（よくある質問）

Ｑ．いつからレポートを始めればいいでしょうか？
Ａ．レポートの執筆に慣れていない場合、執筆だけで丸２日くらいかかる場合があります。文献調査や見直しにもそれなりの時間をかけるとすると最低でも５日分くらいのエフォートが必要かもしれません。

Ｑ．Ａをとれる人数は決まっていますか？

Ａ．特に決めていません。参考までに、ここ数年ほどの倫理学１の成績の分布を公表します。（中略）Ｄ判定の理由は未提出、不正行為、字数の大幅な不足がほとんどです。レポート作成の基本を守っていれば単位を取ることは難しくない授業だが、Ａ以上の高評価を獲得するにはそれなりの準備が必要だというのが採点してみての担当者の認識です。Ａをとらなければ気がすまない、という方は相当の準備をしてレポートを書く覚悟をしてください。

Ｑ．自分の意見を理論的に裏付けていくにあたって、どういう文献のどういう一節を引用すればいいのか、また文章を書くにあたって文脈などが支離滅裂になってしまいそうで不安。

Ａ．直接引用（文章そのものの引用）の場合、自分が強く同意するところか強く反発するところか、どちらかになるでしょう。たんに引用する（引用しっぱなし）ではなく、引用したあとは敷衍（この文章はどういう文脈で書かれ、どういうことが主張されているのか、の説明）するのがコツです。

Ｑ．レポートを執筆するときに、どのように下書きをすればよいでしょうか？

Ａ．下書きは大事ですね。まず、「頭から書いていかなければならない」という発想を捨ててください。私の書き方はこんな感じです。

まず、暫定的にでもリサーチクエスチョンを立てる→思いついたことや引用したい箇所を片っ端から箇条書きにする。この際、順番は気にしない→箇条書きになったものを見返して、似たような話題をグルーピングする→グループ分けされた箇条書き同士の関係がどのような接続詞（「なぜなら」「したがって」「しかし」「たとえば」「つまり」「以上のことから」など）でつながるか考える。→そうなるといくらかの段落ができるので、段落と段落同士の関係を考える。→（この作業を繰り返す）→最後に話題ごとに節分けする→見直して全体の調整をする。

　文章を書くのに馬鹿正直に最初から書くから迷子になるのであって、パーツとパーツ（文と文、段落と段落、節と節）を組み合わせる、という仕方で書くのが（一部の天才以外は）よろしいんじゃないかと思います。

長門裕介（2024）「レポートガイドライン」（本人の許可を得て掲載）

第 6 章

ライティング教育としてのレポート課題──誇り高い書き手を育てる

　これまでの章では、具体的な論題の設計や何を評価するかについて検討し、学生が何を目指すべきかがわかるような工夫を提案してきた。これらの提案は、個々のレポート課題に対して有効な工夫である。しかし、それらは一時的な視点にとどまり、継続的な視点が不足していたのではないだろうか。

　教員がレポート課題を出す理由には様々なものが考えられる。その科目では、テストが作りにくい（つまりレポート課題でしか評価ができない）という場合もあるだろうが、やはり教員が書くこと自体に意義を見出しているのではないだろうか。つまり、評価課題としてだけでなく、学習課題としての意義を見いだしているからであろう。そこで本章では、ライティング教育という観点から、レポート課題について検討する。

I　書き手を育てるという観点の重要性

　近年、レポート課題の書き方などの指導を担う「ライティングセンター」を設置する大学が増えてきた。主に大学院生が中心となり、短時間（20 分〜45 分程度）のセッションを通して、

83

学生のレポートを改善するための対話を行なうことが目指されている。こうしたライティングセンターのモットーとしては「紙を直すのではなく書き手を育てる」が挙げられることが多い[1]。この理念は、レポート課題を出題する教員にとっても重要なものであろう。そこで、以下では、学生をどのように書き手として成長させることができるかについて検討したい。

2　書き手を育てるための３つの段階

『いざなう』において、「添削は必ずしも有効ではない」と指摘した。ここで「必ずしも」と表現したとおり、完全に否定したわけではないが、この点については賛否両論があった。有効ではない理由として、「赤で真っ赤になったレポートが返却されると学生のモチベーションが下がること」と「添削により、修正案が提示されても、学生がその意味を理解せずに指示通り書き直した場合、それが有効に機能したとは言えないこと」の２点を挙げた。一方で、学生時代に、指導教員からの丁寧な添削を通じて多くを学んだという経験をもつ人もいるだろう（『いざなう』での指摘はそうした添削の有効性を否定してはいない）。添削に対する２つの立場の違いは、学習者のライティングの熟達度の違いによって説明できると今では考えている。以下では、その熟達度について詳しく見ていく。

（1）基礎段階（指示の違いを理解し対応する段階）

レポート課題において、初期段階で問題となるのは、教員の指示通りに書けるかどうかである。自分が思ったことや考えた

84

ことだけを書けばよいのではなく（あるいはただただ規程の字数を満たせばよいのではなく）、まずは具体的な指示に従って求められていることを書く必要がある。

これは、レポート課題に限った話ではない。報告書であれば事実が重視され、申請書であれば申請理由が求められるなど、文章の種類によって求められる内容が異なるという点では、社会で求められるライティングも同様である。つまり、初期段階においては、文章の種類ごとに求められる内容が異なる、ということをまずは知る必要がある。

ライティング経験の少ない学生にとっては、第3章で見た①説明型、②応用型、③意見型、④探究型の4つの区別もすべて同じ「作文」とカテゴライズしているかもしれない。したがって、この段階の学生に対しては、論題を具体化して、何が求められているかを理解しやすくすることが重要である。

(2) コミュニケーション段階（読み手を意識する段階）

（1）基礎段階において、レポート課題で求められることには種類があることを理解したならば、まずはライティングにおける基本的な道具立てを身につけたと言える。次のステップとしては、そうした道具立てを使いこなせるようになることを目指す段階となるが、そこではライティングの本質である「読み手」を意識することが求められる。「指示されたことを書く」という段階を越えて、読み手に伝わるかどうかを意識することを目指すのだ。

同じ内容でも、効果的な表現を用いることができるかどうかや、わかりやすく伝えることができるかなど、読み手の反応を

第6章　ライティング教育としてのレポート課題　85

意識しながら書くことは、書くことの基本中の基本であるが、レポート課題という特殊な状況においてはそのことを学生が意識することは難しいかもしれない。よって、この段階の学生に対しては、読み手の反応を直接知れるような環境設定（ピアレビューの導入など）が重要だろう。

(3) 自律的段階（批判的な読み手を意識する段階）

　この段階は（2）コミュニケーション段階からさらに一歩進み、批判的な読み手を意識する段階である。レポートを書く際に、論理性や説得力、一貫性が求められていることを理解できるようになれば、それらを満たしたレポートを書きたいと思うようになる。もちろん、ライティングの授業ではこれらの重要性について説明がなされるが、それが単に外から与えられるのではなく、自分の内側から理解できたときに、はじめて自分のものになる。そして、それらを満たすために書き手がすることは、「批判的な読み手を想定しながら書く」ということである。「その主張はこういう点でおかしいのでは？」や「その点はこういう風にも考えられるのではないか？」など、様々な角度から批判的に問いただしてくる読み手を自分の内側に設定できたとき、その書き手は「自律的な書き手」になったと言える。

　もちろん、批判的な読み手には様々なレベルがあるが、レポートを書くということが、そうした読み手を自分で設定することである、ということは教えられてすぐにできるものではない。様々なレポートを書いていく中で、そうした批判的検討（そしてその検討の結果生み出された論理性や説得力、一貫性）自体に意義を感じて、はじめてできるようになるのである。

3 フィードバック

　書き手を育てるために、フィードバックは必要不可欠である。たとえば、野球の場合、バッティングセンターで練習しているとき、ボールがバットに当たったかどうかや、ヒット性のバッティングだったかどうかはある程度容易に判定ができるだろう。しかしながら、ライティングの場合、特に基礎段階では、自分の書いたものがうまくいったのかどうかすらよくわからない、という状況はあり得るだろう（規定の字数を満たせたかどうかなら判定しやすいが）。そうであるなら、書き手として成長するためにも、どこがどうよくなかったのか、あるいはよかったのかを知ることがまずは重要となる。

　（1）基礎段階の場合、自分の書いたもののどこがどうよくなかったのかを知ることが重要である。教員側の視点で考えると、大人数の授業で細かなフィードバックが困難なことも多いだろう。しかしながら、（1）基礎段階では、目標とすべきことが、①説明型、②応用型、③意見型、④探究型などの書くべきことの違いを知ることであるなら、論題はそうした指示が具体的に示されているもの（書くべきことが明確に指示されている論題）が適切である。たとえば、次のような論題である。

> この授業ではロールズの正義論を中心に公共哲学について学びました。多様な価値観を持つ人々がいる社会で、私たちはどのようにして公共を作り上げられるのかについて以下の項目に沿って説明してください。
> （a）価値観の対立によって生じている具体的な公共の問題

を1つ取り上げる。

（b）その問題についてどのような立場や意見があるかを説明する。

（c）その問題に対して授業を踏まえてどのように説明できるか。

（d）上記の点を踏まえて、多様な価値観を持つ人々がいる社会で公共を形成するためにどのようなことを検討する必要があるか。

　この論題の場合、全体を一括して評価することも可能であるが、（a）〜（d）それぞれを個別に評価することも可能である。（a）（b）に関しては、授業内容を踏まえて、適切な事例をピックアップできているかを評価し、（c）では、授業で学んだ理論や立場を応用して説明できているかをみて、（d）ではそれまでの記述をもとにして、自分の意見を説明できているかを評価する。このように分けて評価することで、松竹梅の3段階程度での評価が可能となる。このため、その基準表を事前に作成し、採点つきの基準表を学生に返却することで、（1）基礎段階の学生には十分なフィードバックが提供できるだろう（LMS（学習管理システム）が広く浸透してきている現在、こうしたフィードバックも無理なく実現できると考えられる）。

　もし、それも困難な場合は、「点数とクラスの得点分布」を示すことで、自分がひとまずどの程度うまくできているのかを最低限理解することは可能だろう。（1）基礎段階の学生に「点数とクラスの得点分布」を示しただけで、自分の書いたレポートのどこがよくなかったのかを考えようとすることは少な

いかもしれないが、少なくとも「レポートは書きっぱなしで何のフィードバックもない」と思わせない最低限の効果はあるのではないだろうか。この段階の学生はまだ書き手のモチベーションはそれほど高くないと考えられるため、やはり詳細な添削は効果的ではないだろう。

（2）コミュニケーション段階では、読み手を意識して書くことを目指すため、読み手からの実際の「反応」こそが重要なフィードバックとなる。授業の中でもっとも取り入れやすいのは「ピアレビュー」であろう。たとえば、学生が書いてきたレポートをプリントアウトして、隣の人と交換し、コメントを述べ合うというものである。事前にチェックすべき観点を列挙した「チェックシート」を配付しておき、そこにコメントを記載した上で、「意見交換」の時間を設ければ、活発なやりとりが期待できる。たとえば次のようなチェックシートを配付して、3セット行なう、ということも可能だろう。ただし、論証方針の自由度が低い論題では、他の学生の意見を取り入れる余地がほとんどないため、こうしたピアレビューは取り入れにくい点に注意が必要である。

こうしたピアレビューを取り入れるためには、授業計画上、最終回よりも前にレポート課題を出しておく必要がある。「書

	1人目	2人目	3人目
フォーマット通り書かれているか			
よかった点			
気になった点			

ピアレビュー用チェックシート例

き手を育てる」ための時間をシラバスに事前に盛り込んでおく必要があるだろう。

（3）自律的段階の学生は、批判的な読み手を設定しようとしているため、自分自身が見落としているかもしれない問題点についても関心を持っている。そのため、批判的な読み手の中でも最も信頼のおける教員による添削は、その書き手が最も知りたい情報であると言える。これが、詳細な添削が効果的に機能する理由である。教員の添削による指摘の意図を、学生自身が理解した上で、自分自身の未熟さに気づき、改善するためには、そもそも批判的な読み手を設定しようと書き手が思っていることが前提条件となるだろう。

さて、ここまでのフィードバックに関する議論は、主に最終レポートに関するものが中心であった。しかし、毎回の授業後に書かせる「コメントシート」も、重要なフィードバックの対象となり得る。私の場合、毎回の授業で「①今日の授業で学んだこと」と「②授業を聞いて考えたこと」を区別して記載させ、その区別ができているかどうかに加え、①で授業内容の理解度を評価している。そして、コメントシートの提出→採点・返却→よくできているものの紹介を繰り返すことで、事実と意見の区別を意識できるようになり、ライティング力が向上したという感想を複数もらった。もちろん、こうした取り組みが可能かどうかは受講者数によるところも大きいが、最終レポートへのフィードバックが難しい場合でも、コメントシートのような短い課題へのフィードバックを授業に取り入れることも検討の価値があるだろう。

4 引用などの執筆時のルール

ライティングに関しては、引用や見出しのつけ方、参考文献の表記の仕方など、様々なお作法がある。学問分野ごとに異なるところはあるとはいえ、そうしたお作法について知ることはライティング力の向上には不可欠である。

（1）基礎段階においては、まずそうしたお作法があるということを知るだけで十分だろう。基本的なルールやマナーを理解し、それに従って書くことができるかが求められる。たとえば、基本的な引用の仕方や参考文献の記載方法など、最低限のルールを守ることが重要である。

（2）コミュニケーション段階において、そうしたお作法について反省的に検討することが可能となる。自分の引用の仕方が効果的かどうかについて、読み手を意識することで実質的に検討できるようになる。たとえば、「この部分で引用が必要ではないか」など、引用の効果について考えることができる段階である。

（3）自律的段階においては、引用の効果を最大化できるかという観点から検討できるようになる。たとえば、「ここでは直接引用ではなく、間接引用のほうがよいのではないか」という疑問は、読み手の効率性を意識しないと生まれない問いである。批判的な読み手が、単に問題点を指摘するだけでなく、「知的探究コミュニティの探究活動を効率的に進めたいと考えている」ということを理解して、初めて、そのような点にまで意識が及ぶだろう。そして、この知的探究コミュニティの探究活動を意識することは、研究者が論文を書くときに常に求めら

れていることである。

　こうしたことからわかるのは、引用などをその意義を理解し
ながら用いるためには、少なくとも（2）コミュニケーション
段階以上が求められるということである。もちろん、（1）基
礎段階でも引用は重要である。しかし、もし学生が引用を適切
に用いることができないならば、それはライティングの熟達度
の問題かもしれない。その場合は、引用の技術そのものよりも、
まず熟達度を高める指導が求められるだろう。

5　評価

　（3）自律的段階においては、意見型や探究型の論題を出す
ことが効果的であり、質的な評価が機能する。一方、（1）基
礎段階においては、論題で求められることが具体的であれば、
その評価は指示を守れているかどうか（具体例を適切に挙げら
れているかどうか）という「あるなし評価」（指定した項目の
有無で評価することをこう呼ぶ）に近い評価になる。これを
ルーブリックと呼ぶこともできるかもしれないが、ルーブリッ
クの本質は質的な違いを評価する点にあるため、厳密には異な
るといえる[2]。

　ここで強調したいのは、一般的に「レポート課題の評価＝
ルーブリック」と考えられがちだが、論題によってはルーブ
リックが適さない場合もあるという点である。本書で述べてきた
ように、レポート論題は非常に多様であり、どんな論題でも
ルーブリックを使えばよいわけではない。つまり、論題に応じ
て効果的な評価方法は異なるということである。

基礎段階では、「あるなし評価」が理解しやすい場合もあるが、それだけではライティングの力は伸びない。また、基礎段階の学生に探究型を求めても効果は限定的であり、そのレポートをルーブリックで評価してもあまり意味がない場合が多い。添削やルーブリックを導入する際には、ライティングの熟達度に応じた段階的なアプローチが効果的だろう。

6　体系的ライティング教育に向けて

　本章で検討してきたライティングの熟達度としての3段階は、特にレポート課題を出題する際にはほとんどと言っていいほど検討されてこなかっただろう。レポート課題をライティング教育の一環として出題している教員はかなり多いと思われるが、それでも、教員はレポート課題を「個人戦」としてしか捉えられていないのではないだろうか。しかしながら、ライティング教育は教員一人で対処できる問題ではない。組織として体系的に取り組んで初めて効果が出るだろう。そのために検討すべき点について以下で見てみる。

①ライティング教育における順次性を意識する

　多くの大学生は書くことを得意とはしていない。高校まででもそれほど多くのライティングの経験をしていないことも、その要因の1つだろう。一方で、卒業研究をゴールとするなら、そこで埋めるべきライティングのスキルの溝は非常に大きいと言える。当然ながらライティングのスキルは一朝一夕で身につくものではない。しかしながら、なんとなく書いていれば身に

つくものでもない。やはり、体系立てて指導することが重要である。

　初年次教育でライティングの指導がなされるようになってきたが、それだけでは十分でないことは明らかになってきている[3]。そうした問題を解消するためにも、まずは、書き手の熟達度としてどのような段階があり、それぞれの段階でどのような指導が必要であるかの検討がまずは必要になるだろう。本章で提示したモデルは1つの案である。これをたたき台として、各大学でのモデルを検討してもらいたい。

②レポート論題の多様性について知る

　ライティング教育を考える上でレポート課題は非常に重要である。大学教育の中でもっとも多くの「書く時間」を提供しているからである。よって、体系的なライティング教育の構築を目指す際には、レポート課題を活用することが不可欠だろう。そのためにも、教員は、まず論題の多様性について知る必要がある。そして、学生のライティングの熟達度に応じた論題を出すことで、レポート課題の効果も大きくなり、ライティングの熟達度の向上にも寄与するだろう。

③体系的なライティング教育の構築

　多くの大学では初年次教育でライティングの指導がなされている。しかしながら、最終ゴールとなる卒業論文に取り組む時期まで、特にライティングの指導がないという大学がほとんどではないだろうか。一方で、その間学生は大量のレポート課題に取り組むことになる。これまで見てきたように、レポート論

題は教員ごとに異なり、教員自身もそうした論題の多様性を自覚していない可能性が高い。また、初年次で学ぶアカデミックライティングと、実際のレポート課題で求められるものがまったく異なる、というケースも多い。

　たとえば、初年次の授業では「レポートでは序論・本論・結論に分けて書くことが重要だ」と習ったが、実際の授業で出されるレポート課題では「○○について具体例を挙げながら説明しなさい」というもので、これでどうやって「序論・本論・結論」で書くのか悩む、ということもあるだろう。こうした問題に対処するためには個々の教員で対応するには限界がある。やはり、組織として検討をする必要がある。

　現状では、隣の研究室の先生がどのような論題を出し、どのように評価しているかを知っている教員は少数派ではないだろうか。こうした状況を改善するためにも、FD などで同僚とディスカッションすることは有効である。

　実際に、論題の検討のワークショップをいくつかの大学で実施したことがあったが、各自の教育観を尊重する非常に素晴らしい雰囲気になった。その上で、どのような論題をどの学年や科目で出題するかについて、カリキュラムマップのような形で決めることができれば、学生も段階に応じたライティングスキルを無理なく身につけられるだろう。「教員ごとに論題がばらばらだ」や「レポート課題に取り組むことは卒業論文とは関係がない」と学生に思わせないためにも、大学全体としての取り組みが重要である。この点について石井（2016）は具体的な体系化の例を示している。

第 6 章　ライティング教育としてのレポート課題　95

たとえば、大学初年次では、レポートと感想文との違いを
つかみ、2年次では、最低限の形式や論文執筆の基礎的事
項を押さえて原稿用紙5枚程度で調べたことと私見をまと
められるようになり、3年次では、若干の先行研究や専門
的な知見をふまえて原稿用紙10枚以上で論じることがで
きるようになり、4年次では、卒業論文を執筆するといっ
た具合に、レポートをまとめる力の中長期的な育ちの道筋
と指導の見通しを、長期的ルーブリックとしてまとめるこ
ともできるでしょう。

　こうした学年ごとの段階設定に加え、各授業で出されている
レポートが卒論とどのように異なるのか（あるいは関連してい
るのか）を学生に説明することも重要である。本書で示した論
題の4分類の整理などを用いて、各授業のレポート課題が全体
の中でどのような役割を果たしているのかを伝え、共有すると
いうことが求められる。
　その際、第5章で紹介した「レポートガイドライン」を用い
ることは、個別の授業内で学生に論題の意図を伝えるだけでな
く、大学全体で目指すべき枠組みを共通化させるためにも有効
である。全体としてどのような論題があり、この授業で何が求
められているかを示す「論題マップ」のようなものをレポート
ガイドラインの中に共通のフォーマットとして含めることで、
これまでばらばらに感じられていたレポート課題が、共通の目
標をもった一連のものとして、学生に位置づけられるだろう。
　これまで、レポート課題は論題や評価も含めてある意味でブ
ラックボックスになっていたところもあったかもしれない。し

かし、われわれが行なった調査から、実際には多くの教員が、独自に創意工夫を凝らして取り組んでいることがわかった。汎用性の高い工夫も、共有する機会がないために、その教員だけの「奥義」として留まっていたとも考えられる。こうした教員の先駆的な知見を共有することが、体系的なライティング教育への一歩となるだろう。

7　AI時代のレポート課題とは？──誇り高い書き手を育てる

レポート課題のことを考えるにあたって、生成AIのことを避けて通れない時代になった。2022年11月にChatGPTが公開されて以降、大学でのレポート課題やライティング教育についてもしばしば議論がなされてきた。

わたしは『いざなう』において、インターネットからのコピペでは書くことが困難な論題を提案した。本書においてもそうした「防犯」的な観点からの論題を期待された方もいたかもしれない。しかしながら、AIを使っては書けないような論題は現時点でもほとんど存在しないと考えられる。授業内容になんらかの特殊性がなければ、AIを利用すれば容易にレポートが書けてしまうことは避けられないだろう。

一方で、AIが普及したからといって、ライティングスキルを身につける必要がなくなったわけでは決してない。むしろ、AIを使ったとしても、質の高い文章を作成するためには、AI利用者自身が文章の良し悪しを判断できることが求められる。AIを使うことで一部の作業が楽になるとしても、学生がライ

ティングスキルを向上させる必要性は変わらないのである。したがって、ライティングスキルをどのように向上させるかという問いは、AIが登場した今もなお重要な問いであり続けるのである。

　現状では、AIを用いたチート（不正行為）を完全に防ぐのは難しいため、「チート行為は自分を不利にするだけだ」と指導するしかないだろう。そして、「自分の頭で考えてたくさん書かないと、ライティングの力はつかないよ」と指導するのであれば、どの部分を自分で考えるべきかを明示し、それがライティング力向上にどう繋がるのかを体系的に説明する必要がある。しかし、現状では、こうした体系的なライティング教育プログラムは十分に整備されておらず、結果として学生がチートに走ってしまうのも、ある意味仕方のない側面がある。今後は、最終的なレポートだけでなく、アウトラインや途中段階での提出、ピアレビュー、プレゼンテーションなどを取り入れ、学生が「自分が書き手である」という意識を持てる機会を増やすことが重要になる。

　こうしたことから、AIが登場した現代において求められるのは、いかにしてチートを防ぐかではなく、いかにして「誇り高い書き手になろう」と学生に思わせるかではないだろうか。AIが出力したレポートの間違いを直す課題は、チートを防ぐという意味では効果的かもしれないが、「誇り高い書き手を育てる」という観点からすると検討の余地があるかもしれない（もちろんそうしたレポート課題も、体系的なライティング指導の1ステップと見なせば問題はないかもしれない）。書くことでしか到達できない知識があり、その価値や意義を伝えるこ

とで、誇り高い書き手になろうと学生をいざなう工夫が求められているだろう。

　現状のレポート課題では、学生が誇り高い書き手になろうと思える機会が十分に設けられていないのではないだろうか。たとえば、最終回の授業後にレポートを提出しても、それに対するフィードバックがなければ、「自分で考えなくてもいいや」と思ってしまうこともあるだろう。今後は、学生が成果を発表する「見せ場」を設ける工夫がますます重要になってくるだろう。

　また、学生が本気で取り組みたくなるような魅力的な論題を設定することも重要である。学問の本質を貫くような（わかりそうでわからない絶妙な難易度の）問いを設定できるかどうかは、その分野の専門家としての腕の見せ所である。こうした工夫を通じて、単に単位のためだけでなく、学生が「誇り高い書き手」を目指すようになることを、教員自身も目標とすべきではないだろうか。

注

1　ライティングセンターの理念についての古典的な論文であるNorth（1984）では「私たちの仕事は、より良い文章を作ることではなく、より良い書き手を育てることです」と述べられている。
2　ルーブリックについては石井（2016）参照。
3　初年次でのライティング指導が機能していないのではないかという点については小山（2016）参照。

参考文献一覧

石井英真（2016）「レポート課題を評価するとき」、成瀬尚志編『学生を思考にいざなうレポート課題』ひつじ書房

岩田貴帆・野瀬由季子・時任隼平（印刷中）「大学の授業におけるレポート課題に関する実態調査」『関西学院大学高等教育研究』第15号

小山治（2016）「学生のレポートを書く力の熟達度―社会科学分野の大学4年生に対する聞きとり調査」『大学教育実践ジャーナル』(14)、pp. 9–16.

長門裕介（2024）「レポートガイドライン」（本人の許可を得て本書に掲載）

成瀬尚志（2022）「レポート課題を分類する」、井下千以子編『思考を鍛えるライティング教育』慶應義塾大学出版会

渡辺哲司（2010）『「書くのが苦手」をみきわめる―大学新入生の文章表現力向上をめざして』学術出版会

Devlin, M. and Gray, K. (2007). "In their own words: a qualitative study of the reasons Australian university students plagiarize", *Higher Education Research and Development*, 26 (2), pp. 181–198.

North, S. M. (1984). "The idea of a writing center", *College English*, 46 (5), pp. 433–446.

あとがき——「団体戦」としてのレポート課題のはじまり

　私が最初にレポート課題についての論文を書いたのが2014年です。レポート課題研究を始めてから10年が経過しました。レポート論題の工夫の必要性は、すでに複数の書籍で指摘されていましたが、少なくとも当時の日本では具体的な研究はほとんど行われていませんでした。そのため、『学生を思考にいざなうレポート課題』で提案した具体的な論題の工夫がどのように受け取られるかについては、不安がありました。しかし、出版後、予想外に多くの大学でのFD研修会などで講演の招待を受け、その提案が広く受け入れられていると感じました。

　本書では前著から大きく進展しました。「教員のねらいについての分類」「論題・評価の分類」「論題の制約条件の分類」という3つの分類を提示することができました。これらの分類は、論題を設計する際だけでなく、レポート課題の実態を把握するためにも有効な道具立てになると考えています。

　こうした分類にたどり着けたのは、インタビュー調査で伺った具体的な事例を抜きには語れません。みなさんお忙しい中、1時間から2時間もかけてレポート課題についてじっくりとお話を伺うことができました。改めてお礼申し上げます。その中で、みなさんがいかに様々な角度から検討してレポート課題を出題されているかを知ることができました。実践を通じて確立された先生方のレポート課題に対するスタンスがどれも非常に

魅力的だったため、分類の必要性に気づくことができました。

　実はインタビューの中で、ある先生から「レポート課題を一回きりのものと考えていませんか？」と指摘されました。『いざなう』では、確かに論題に焦点をあて、それによってレポートのクオリティが変わるという前提だったため、授業内での成長や、学年間を通じたライティング力の成長という視点が欠けていました。この指摘を受け、レポート課題を単発の評価手段ではなく、継続的なライティング教育の一環としてとらえる重要性に気づくことができました。その先生にも納得していただけたかどうかはわかりませんが、レポート課題を捉える新たな視点を取り入れることができたのではないかと考えています。

　もちろん、現在レポート課題について語る際には生成AIの話題を避けて通ることはできません。しかし、生成AIが登場したからといって、書くことの意義が低下するどころか、むしろさらに高まっているのではないでしょうか。生成AIへのプロンプトを適切に入力したり、生成された文章の不自然な点を発見したりするためには、自分自身がしっかりとした書く力を持つ必要があるからです。

　また、視点を学生に移すと、そこにも問題があるように思います。そもそも、学生はレポートがうまくいったりいかなかったりするものとして捉えていないのではないかという印象があります。たとえば、多くの学生は出席やレポートの文字数には非常に気を配りますし、テストの点数についても同様です。それらについては、うまくできるかどうかはともかくとして、達成すべきものとして学生自身の中に基準があるように見えます。しかし、レポートのクオリティについてはそれほど意識を払っ

ていないように見受けられます。それは単に手を抜いているからではなく、そもそも何が求められているのか、どのようなレポートが良いのかという基準が学生の中にないからではないでしょうか。そしてこのことは学生だけの問題ではなく、教員側にも原因があるのかもしれません。

　レポートは教員ごとに求められるものが大きく異なるため、学生には「何だかよくわからないもの」という印象を与えているのではないかと感じます。このような状況では、学生のライティング力の向上も実現が困難でしょう。

　こうした状況の中で、生成 AI が登場したため、レポート課題はもはや機能しない過去の遺物のように見えたかもしれません。しかし、そもそもライティング力の育成に関する問題は、生成 AI が登場する以前から教育現場で存在していたにもかかわらず、十分に認識されていない可能性があります。生成 AI の登場によって、この本質的な課題が見過ごされてしまう懸念がありますが、実際に取り組むべきなのは、生成 AI の有無にかかわらず、4 年間を通じてどのようにライティング力を育成するかという、以前から存在していた大きな問題です。この大問題に立ち向かうためには、個人の力だけでは限界があります。科目間や教員間が連携して「団体戦」として取り組む以外に方法はないでしょう。

　レポート課題を「団体戦」として取り組むためには、まずはメンバーの強みを事前に把握しておくことが不可欠です。書く力の向上に何が必要かとを議論し始めると、教員ごとに意見が異なるかもしれません。しかし、第 2 章で述べたように、異なる「ねらい」もそれぞれ十分な意義があることがわかります。

あとがき　105

こうした「全体像」を事前に理解した上で、自分がどの部分を担っているのかを把握することが重要でしょう。

「団体戦」とはいえ、いきなりカリキュラム全体で精緻にレポート課題を設定するのは現実的ではありません。まず重要なのは、「ねらいの分類」や「論題の分類」を踏まえ、各教員が自分の出す課題の意義を自覚し、それを学生と共有することです。その段階を経て、「では具体的にどの科目でどのような課題を出すのが適切か」という議論が始められるでしょう。

こうした「団体戦」は、ある意味ですでに始まっています。たとえば、ディプロマポリシー（学位授与の方針）を設定し、各授業がそれとどのように関連しているかを、シラバスで示す大学が多くなりました。しかし、そうした「星取り表」が、教育内容や評価に実質的な影響を与えているかについては疑問の余地があります。そこで、大学内でどのようなタイプの論題を出すかを整理した「論題マップ」にもとづき、各科目でどのような論題を出すのかをシラバスで示すことができれば、「団体戦」はより実質的なものとなるでしょう。こうした「団体戦」に取り組めているかどうかが、今後の大学のあり方を左右する重要な要素になると考えています。

論題を学内で共有し、議論するということを、これまで各大学の FD ワークショップとして実際に行なってきました。ワークショップでは、みなさんが実際の授業で出題している論題を紹介し合いましたが、どの大学でもお互いの工夫を尊重する雰囲気がありました。どの論題にもその背景に先生方のねらいがあり、それぞれが有意義であると感じられていたからだと思います。教育観の多様性を尊重する、とてもよい機会だったと思

っています。また、こうした学内での共有を進めるためにも、実証的なレポート課題研究をさらに進めていく必要があるでしょう。これまでレポート課題については研究しようにも、その基盤が整っていなかったため困難でしたが、本書で示した分類は、研究に取りかかる基盤になりうると考えています。

　私はこのレポート課題研究に非常に魅力を感じています。どのような論題があり、それをどのように分類できるのかという点で、研究対象そのものとしての面白さもありますが、研究者がそれぞれの科目のレポート課題にどのような工夫をしているのかについても、とても興味深いと感じています。研究者の研究成果については、学会や論文などで知ることができますが、「どのようなレポート課題を出しているか」については、よほど特別な機会がなければ知ることはできません。しかし、そこには研究者としての矜持が込められていると考えています。

　この研究に関して、もう1つ魅力を感じている点があります。それは、レポート課題を通じて様々な方々と関わることができるという点です。レポート課題という「フック」は非常に強力で、多くの方々からお声がけをいただきました。そして、意外なことに、その中にはたくさんの応援の声も含まれていました。研究を進める中で、応援されるというのはなかなかないことだと思っています。こうしたみなさんの期待に応えられるよう、私自身もみなさんとともに「団体戦」に挑み、新たな時代に対応したレポート課題の可能性を探っていきたいと考えています。

　本書の内容が、レポート課題の論題の設計と評価の原理を理解する一助となることを願っています。そして、生成AI時代においてレポート課題が有効な教育手段として「再発見」され、

教室や講義の現場でその知見がいかされることを心から願っています。

　謝辞

　本書の執筆にあたり、多くの方々のご協力と支援をいただきましたことに、心より感謝申し上げます。オンライン調査やインタビュー調査にご協力いただいた皆様には、貴重な時間とご意見を提供していただきましたことに深く感謝いたします。

　本研究はJSPS科研費19K02865および、日本私立学校振興・共済事業団 学術研究振興資金（課題名「効果的なレポート論題に関する実証研究」、代表：成瀬尚志）の助成を受けたものです。

【著者紹介】

成瀬尚志（なるせ　たかし）

大阪成蹊大学経営学部准教授。専門は哲学、高等教育。神戸大学大学院文化学研究科博士課程修了。博士（学術）。神戸大学大学院人文学研究科特命助教、長崎外国語大学外国語学部特任講師、京都光華女子大学短期大学部講師、長崎大学大学教育イノベーションセンター准教授を経て現職。主な業績は『学生を思考にいざなうレポート課題』（編、ひつじ書房、2016）、『現場の大学論―大学改革を超えて未来を拓くために』（共著、ナカニシヤ出版、2022）、『信頼を考える―リヴァイアサンから人工知能まで』（共著、勁草書房、2018）、『環境リスクと合理的意思決定―市民参加の哲学』（共訳、昭和堂、2007）、『真理・言語・歴史』（共訳、春秋社、2010）、「クワインはなぜ物理主義を採用したのか」（『モラリア』19、2012）ほか。

レポート課題の再発見―論題の設計と評価の原理

Rediscovering Writing Assignments: Principles of Prompt Design and Evaluation
Naruse Takashi

発行	2024 年 11 月 15 日　初版 1 刷
定価	1600 円＋税
著者	© 成瀬尚志
発行者	松本功
装丁者	杉下城司
印刷・製本所	亜細亜印刷株式会社
発行所	株式会社 ひつじ書房

〒 112-0011 東京都文京区千石 2-1-2　大和ビル 2 階
Tel.03-5319-4916　Fax.03-5319-4917
郵便振替 00120-8-142852
toiawase@hituzi.co.jp　https://www.hituzi.co.jp/

ISBN978-4-8234-1276-9

造本には充分注意しておりますが、落丁・乱丁などがございましたら、小社かお買上げ書店にておとりかえいたします。ご意見、ご感想など、小社までお寄せ下されば幸いです。

［刊行書籍のご案内］

学生を思考にいざなうレポート課題

成瀬尚志編　　定価 1,600 円＋税

[刊行書籍のご案内]

これから研究を書くひとのためのガイドブック ［第2版］
ライティングの挑戦15週間

佐渡島紗織・吉野亜矢子著　　定価 2,000 円＋税

グループワークで日本語表現力アップ
野田春美・岡村裕美・米田真理子・辻野あらと・藤本真理子・稲葉小由紀著

定価 1,400 円＋税

［刊行書籍のご案内］

型から学ぶ日本語練習帳　　10代のはじめてのレポート・プレゼン・実用文書のために
要弥由美著　　定価 2,400 円＋税

英語科学論文をどう書くか　　新しいスタンダード
保田幸子著　　定価 2,400 円＋税

失敗から学ぶ大学生のレポート作成法［第 2 版］
近藤裕子・由井恭子・春日美穂著　　定価 1,600 円＋税